Os Direitos de Preferência e Recesso em Operações de Incorporação de Sociedade e Incorporação de Ações

Os Direitos de Preferência e Recesso em Operações de Incorporação de Sociedade e Incorporação de Ações

2014

Andréia Cristina Bezerra Casquet

OS DIREITOS DE PREFERÊNCIA E RECESSO EM OPERAÇÕES DE INCORPORAÇÃO DE SOCIEDADE E INCORPORAÇÃO DE AÇÕES

© ALMEDINA, 2014

AUTORA: Andréia Cristina Bezerra Casquet
DIAGRAMAÇÃO: Edições Almedina, SA
DESIGN DE CAPA: FBA
ISBN: 978-856-31-8256-2

Dados Internacionais de Catalogação na Publicação (CIP)
(Câmara Brasileira do Livro, SP, Brasil)

Casquet, Andréia Cristina Bezerra
Os direitos de preferência e recesso em operações de incorporação de sociedade
e incorporação de ações / Andréia Cristina Bezerra Casquet – 1. ed.
– São Paulo : Almedina, 2014.
ISBN 978-85-63182-56-2
1. Acionistas minoritários – Brasil 2. Direito comercial 3. Direito
societário 4. Sociedades anônimas – Leis e legislação – Brasil I. Título.

14-03425   CDU-34:338.93(81)(094)

Índices para catálogo sistemático:
1. Brasil : Leis : Direito societário
34:338.93(81)(094)
2. Brasil : Leis : Sociedades por ações :
Direito comercial 347.725(81)(094)

Este livro segue as regras do novo Acordo Ortográfico da Língua Portuguesa (1990).

Todos os direitos reservados. Nenhuma parte deste livro, protegido por copyright, pode ser reproduzida, armazenada ou transmitida de alguma forma ou por algum meio, seja eletrônico ou mecânico, inclusive fotocópia, gravação ou qualquer sistema de armazenagem de informações, sem a permissão expressa e por escrito da editora.

Maio, 2014

EDITORA: Almedina Brasil
Rua Maria Paula, 122, Cj. 207/209 | Bela Vista | 01319-000 São Paulo | Brasil
editora@almedina.com.br
www.almedina.com.br

PREFÁCIO

A procura por novas formas de associação, mediante a formação de relacionamentos cooperativos entre empresas independentes justifica-se pela necessidade de adaptação a um ambiente de competição global, onde o Brasil é um dos protagonistas. Tal realidade intensificou o movimento de fusões e incorporações no país e forçou aos operadores do direito a se debruçarem sobre novas questões decorrentes dessas formas de associação. Neste contexto é que Andréia Cristina Bezerra Casquet brinda-nos com este livro, cujo texto resulta de seu trabalho de conclusão do curso de LL.M. em Direito Societário pelo Insper – Instituto de Ensino e Pesquisa, oportunidade em que atuei na qualidade de seu orientador.

O ótimo estudo promovido pela autora traz importantes reflexões sobre o direito de preferência em operações de incorporação de ações e incorporação de sociedades, o qual foi tratado de modo díspare pelo legislador em situações similares, conferindo-o nas hipóteses de aumento de capital com subscrição em bens e deixando de fazê-lo no caso das incorporações de ações e, mais ainda, deixando uma lacuna no que diz respeito às incorporações de sociedades.

O tema ainda é enriquecido com o enquadramento da questão relativa ao direito de recesso em tais operações, com amparo no tratamento teórico e na aplicabilidade prática da matéria, a qual foi objeto de diversas críticas pela doutrina e jurisprudência, sobretudo pela infundada discrepância na disciplina do referido direito nas operações de incorporação de ações e de sociedades.

PREFÁCIO

A matéria, até então carente de estudos aprofundados, possui agora valioso material de consulta e de reflexão de que podem se valer os profissionais que militam na área jurídica, reguladores, e demais pessoas que se deparem com questões que envolvam reorganizações societárias.

LIOR PINSKY
Advogado e Professor em São Paulo

I. Introdução

Dentre as diversas temáticas compreendidas em operações de reorganização societária, especialmente aquelas que se valem dos institutos da incorporação de sociedade e da incorporação de ações, optou-se, neste estudo, por investigar os aspectos jurídicos envolvidos nas diferentes formas de tratamento conferidas pelo legislador aos acionistas das sociedades envolvidas, sobretudo no que diz respeito ao direito de preferência para a subscrição de novas ações. O estudo também se debruça sobre questão latente relacionada às diferentes disposições relacionadas ao direito de recesso nessas operações.

Num primeiro momento, tratar-se-á da marcante diferenciação do regramento conferido ao direito de preferência estabelecido para cada uma das modalidades de incorporação. Com efeito, se por um lado, o art. 227 da Lei das Sociedades por Ações (LSA) – ou Lei nº 6.404/1976, o qual trata das operações de incorporação de sociedades, nada estabelece sobre o direito de preferência dos acionistas da sociedade incorporadora, por outro, o art. 252, §1º, que dispõe sobre incorporação de ações, estabelece previsão expressa acerca da inaplicabilidade desse direito.

Como indissociável complemento da análise do direito de preferência em tais operações, também será abordada a questão do direito de preferência em hipótese de aumento de capital com integralização em bens. O assunto se relaciona com a questão das operações de incorporação, na medida em que, a admissão de integralização do aumento de capital com bens, muito se assemelha ao aumento de capital resultante de incorporação, em virtude do fato de que, em ambas as situações, as novas ações serão integralizadas com bens.

A leitura dos excertos legais relacionados à temática aqui exposta denota que, na hipótese prevista no art. 171, §2º da LSA, em que é admitida a integralização do capital social com bens, o legislador atribuiu expressamente o direito de preferência aos acionistas da sociedade que tiver seu capital aumentado. No entanto, ao tratar do aumento de capital de sociedade incorporadora, em virtude de incorporação de sociedade, o legislador não dispôs expressamente sobre este direito. Ainda, no caso de operações de incorporação de ações, a lei não apenas estabelece expressamente a inexistência do direito de preferência, como também assegura aos dissidentes, o direito ao recesso, mediante o reembolso do valor de suas ações, nos termos do artigo 230 da LSA.

Neste aspecto, a questão que primeiramente se coloca está afeta à diferenciação do tratamento legal de cada uma das situações apontadas, nas quais, muito embora haja um elemento comum que poderia aproximá-las – integralização do capital com bens – o direito de preferência para a subscrição das novas ações foi disciplinado de forma diversa no âmbito de cada uma delas: (i) o art. 171, §2º assegura a todos os acionistas o direito de preferência para subscrição de ações em aumento do capital social com integralização em bens, (ii) o art. 227 não disciplina a questão do direito de preferência no âmbito de operações de incorporação de sociedade e (iii) o art. 252, §1º estabelece expressamente a inexistência do direito de preferência para os acionistas da sociedade incorporadora e, ainda, dispõe sobre a possibilidade de que os dissidentes da incorporada e da incorporadora possam se retirar da companhia.

Diante disso, pretende-se investigar as razões que levaram o legislador a disciplinar de modo díspare situações que, num primeiro momento, se mostram similares, conferindo a apenas uma delas o direito de preferência na subscrição de novas ações.

Ainda, cumpre verificar a questão da previsão legal de direito de recesso atribuído aos acionistas da sociedade incorporadora apenas nas operações de incorporação de ações, direito este que, em princípio, não se aplica aos acionistas de sociedade incorporadora em operações de incorporação de sociedades. Como regra, o direito é atribuído apenas aos acionistas da sociedade incorporada, no entanto, o art. 252 da LSA, o qual

I. INTRODUÇÃO

dispõe sobre incorporação de ações, tratou de estender o direito de recesso para os acionistas da sociedade incorporadora.

Estruturada a finalidade deste trabalho e delimitado o seu objeto de estudo, cumpre perquirir sobre os principais pontos dissonantes em torno do tema escolhido, isto é, cabe indagarmos qual seria a relação existente entre a concessão do direito de preferência para o aumento de capital resultante de operações que não envolvam reestruturação societária, em detrimento da não concessão de tal direito àquelas operações que envolvam alguma forma de reestruturação, notadamente, a incorporação de sociedades e a incorporação de ações. Adicionalmente, deve-se trilhar o caminho que conduziu à previsão legal do direito de recesso para os acionistas da sociedade incorporadora apenas nas operações de incorporação de ações.

Nesses termos, os principais questionamentos que abrem as discussões centradas na temática deste estudo podem ser assim sintetizados: teria o legislador assumido efeitos diversos para duas operações que resultam no aumento de capital da sociedade, e que, em princípio, parecem situar-se na mesma esfera de riscos e, portanto, de proteção, no que respeita aos acionistas envolvidos? A integralização do capital social mediante a conferência de bens igualaria todas as modalidades de aumento de capital que se valessem desta forma de pagamento pelo valor subscrito? Qual seria a razão de se assegurar a proteção do direito de preferência para apenas uma destas modalidades? Estariam os acionistas da sociedade incorporadora aptos a exercer o direito de retirada em caso de realização de operação de incorporação de sociedade? Por que o direito de recesso dos acionistas de sociedade incorporadora se aplica apenas em operações de incorporação de ações e não se estende para as operações de incorporação de sociedade? Existiriam hipóteses tais que justificassem a conferência de meios de proteção específicos aos acionistas da sociedade incorporadora? Na impossibilidade de se valerem do direito de recesso, existiriam outros meios previstos em lei que suprissem as necessidades dos acionistas de sociedade incorporadora? Na prática, qual o tratamento tem sido conferido aos acionistas em tais situações?

As hipóteses de solução para os diversos pontos suscitados serão debatidas no decorrer deste estudo, sem qualquer pretensão de tratar em caráter definitivo dos temas propostos, tampouco de esgotar as discussões levantadas em cada um deles. Tem, ao revés, o propósito de apresentar subsídios que lancem luz sobre a sua relevância e de instigar o leitor à analise crítica da construção legal sobre a matéria em apreço.

Saliente-se, que o exame do tema aqui proposto não visa tratar com profundidade dos conceitos básicos já intensamente abordados pela doutrina e em outros estudos acadêmicos, tais como as definições e as fases de cada uma das principais operações de reorganização societária – fusão, cisão e incorporação – e a correlação de seus elementos, tampouco os delineamentos elementares envolvidos em deliberações rotineiras de aumento de capital e suas modalidades. Atrai-nos principalmente a problemática sintetizada nos questionamentos acima aludidos, visando debater o racional utilizado pelo legislador na opção pela diferenciação de tratamento de institutos semelhantes entre si, face aos efeitos jurídicos e econômicos que possam resultar.

II. O direito de preferência na lei das sociedades anônimas

2.1. Direito de preferência em aumento de capital

O direito de preferência na subscrição de ações emitidas em virtude de aumento de capital é previsto no *caput* do artigo 171 da LSA. O parágrafo 2º do artigo em questão ainda assegura o direito de preferência nas hipóteses em que o capital seja integralizado com bens.

No entanto, nem sempre foi assim. Vale dizer, muito embora tenha se tornado trivial nos dias de hoje, o direito de preferência estabeleceu-se gradativamente e passou por diversos estágios de desenvolvimento, tendo sido introduzido no ordenamento brasileiro por meio do Decreto-lei nº 2.627 de 1940, o qual passou a prevê-lo dentre os direitos essenciais dos acionistas.

Na época da introdução do Decreto-lei nº 2.627 de 1940 não se admitida, contudo, a extensão do direito de preferência aos antigos acionistas nas hipóteses em que a integralização do capital fosse implementada com bens. Nesses termos, veja-se a posição de Trajano Miranda Valverde[1], autor do anteprojeto:

> "É fora de dúvida que o direito de preferência só vige quando o aumento de capital se faz pela entrada em dinheiro para o patrimônio social. O acio-

---

[1] VALVERDE, Trajano Miranda. **Sociedade por Ações**. Rio de Janeiro: Forense, v. III, 1953, p. 247.

nista, com efeito, se a assembleia resolvesse aumentar o capital mediante incorporação de bens pertencentes a terceiros, ou mesmo a um ou mais acionistas, não poderia pretender exercer o direito de preferência."

Este posicionamento, contudo, tratava de deslocar a minoria através da capitalização de créditos ou incorporação de bens[2], o que levou, quando da edição da lei 6.404/76, à introdução de dispositivo previsto no parágrafo 2º do artigo 171, na tentativa de corrigir essa anomalia. Tal medida corretiva se deu mediante o estabelecimento de regra em que, no aumento de capital mediante capitalização de créditos ou subscrição de bens, será sempre assegurado aos acionistas direito de preferência e, se for o caso, as importâncias por eles pagas serão entregues ao pretendido titular do crédito a ser capitalizado ou do bem a ser incorporado. Em outros termos, os créditos ou bens passam imediatamente a integrar o capital social, ao passo que as somas subseqüentes recebidas em razão das integralizações realizadas pelos acionistas, no âmbito do exercício do direito de preferência, serão entregues ao titular do crédito capitalizado ou do bem incorporado.

Assim, a atual lei societária consagra, como direito essencial do acionista, o direito de preferência para a subscrição de aumento de capital. Com efeito, o inciso IV do artigo 109 da Lei das Sociedades Anônimas estabelece que *"nem o estatuto nem a assembleia geral poderão privar o acionista dos direitos de: (...) IV – preferência para a subscrição de ações, debêntures conversíveis em ações e bônus de subscrição, observado o disposto nos art. 171 e 172."*

Pontes de Miranda chamou atenção para a dissonância da natureza do direito com relação à sua designação legal, uma vez que os acionistas estão imbuídos do direito de preferência de modo incondicional, sem concorrer com quem quer que seja, tornando-se incorreta a designação "preferência".

---

[2] Um dos mecanismos de burla ao direito do acionista, na lei anterior, era a capitalização de crédito de determinado credor ou acionista-credor da companhia. Incorporando o crédito ao capital, adquiria o credor a condição de acionista, e sendo antigo acionista obtinha o aumento de sua posição acionária, com novas ações assim adquiridas, com prejuízo da preferência proporcional dos demais sócios. REQUIÃO, Rubens. **Curso de Direito Comercial**. São Paulo: Saraiva, V. II, 2000, p. 140.

Segundo o autor:

"Se a lei houvesse estatuído que a subscrição seria aberta para todos, acionistas e terceiros, e depois se observaria a regra jurídica de virem antes (preferirem) os acionistas, não haveria dúvida sobre se tratar de direito de preferência como é o direito de preempção, e o direito do acionista, por ocasião da abertura de subscrição para o aumento de capital, suporia competição. Verdade é, porém, que se abstrai da concorrência, tanto que as leis foram exigindo a fixação de prazo para o exercício do direito de subscrição das novas ações[3]".

O mesmo entendimento é compartilhado por Fábio Konder Comparato[4], segundo o qual, trata-se o direito de preferência não de prelação ou preferência propriamente ditos, mas sim de uma autêntica opção. Para o autor, consiste a preferência de um direito potestativo ou formador do acionista, uma vez que tem a prerrogativa de atuar, unilateralmente, sobre a esfera da pessoa jurídica, que fica em situação de sujeição.

Eis que se mostra a natureza desse direito de opção do acionista como verdadeiro poder, o qual, segundo Comparato[5], constitui categoria de direito subjetivo que confere ao titular a prerrogativa de atuar unilateralmente sobre a esfera jurídica alheia. Mais precisamente, trata-se de um poder de criar relação jurídica, um direito formador. Ao exercer a opção de subscrição, o acionista faz atuar a deliberação autorizadora do aumento de capital social pela assembleia e, portanto, interfere na estrutura patrimonial da pessoa jurídica[6].

Em complemento, Comparato[7] ainda expõe a noção de direito de preferência como prerrogativa integrante do conjunto de poderes que compõem o *status socii*. Nesse contexto, o autor afirma:

---

[3] PONTES DE MIRANDA, Francisco Cavalcanti. **Tratado de Direito Privado**. Rio de Janeiro: Borsoi, tomo 3, 1954, p. 356.

[4] COMPARATO, Fábio Konder. **Novos Ensaios e Pareceres de Direito Empresarial**. Rio de Janeiro: Forense, 1981, p. 177- 178.

[5] COMPARATO, Fábio Konder. **Novos Ensaios e Pareceres de Direito Empresarial**. Rio de Janeiro: Forense, 1981, p. 177- 178.

[6] COMPARATO, Fábio Konder. **Novos Ensaios e Pareceres de Direito Empresarial**. Rio de Janeiro: Forense, 1981, p. 177- 178.

[7] COMPARATO, Fábio Konder. **Novos Ensaios e Pareceres de Direito Empresarial**. Rio de Janeiro: Forense, 1981, p. 177- 178.

"Ele não tem, no caso, simples direito subjetivo a uma prestação da companhia, como, por exemplo, em matéria de dividendo. Perante o acionista que exerce a opção de subscrição, a sociedade anônima se encontra na situação jurídica denominada sujeição, tendo que suportar em seu patrimônio, os efeitos jurídicos do exercício do poder pelo subscritor".

Verificamos que a atribuição de tal prerrogativa aos antigos acionistas da sociedade, em operações de aumento de capital, está atrelada a certos objetivos e funções, os quais dizem respeito particularmente a operações desta natureza.

O direito de preferência foi introduzido em leis societárias a partir da reiterada prática de abusos cometidos em diversas sociedades, em que o bloco controlador reservava o direito de subscrição de novas ações a determinados acionistas ou terceiros com quem mantinham algum vínculo, resultando na modificação da proporção de diversos grupos nas assembleias gerais e na apropriação pela maioria ou terceiros das reservas sociais, tanto a doutrina quanto a jurisprudência passaram a disseminar a idéia de que o direito à subscrição das novas ações deveria ser atribuído proporcionalmente a todos os acionistas, tendo como fundamento o princípio da igualdade que deveria preponderar entre eles.

Neste cenário, ainda que alguns estatutos de companhias estabelecessem o direito de preferência, a segurança perquirida pelos investidores apenas seria alcançada mediante a edição de texto de lei que regulasse a matéria.

Assim, verifica-se que a função primeira do direito de preferência consiste na preservação da porcentagem de participação do acionista no bloco total de ações em que esteja dividido o capital social da companhia, de modo a garantir-lhe seus direitos de participação.

Pode-se dizer que os direitos patrimoniais do acionista são função do percentual de sua participação no capital social, isto é, não apenas a parcela que lhe será atribuída na distribuição de dividendos, enquanto a sociedade se mantiver ativa, mas também a que lhe caberá no rateio do acervo líquido, em caso de liquidação da sociedade, serão determinadas pelo seu percentual de participação no capital social da companhia, e, uma vez que seja deliberado um aumento no capital social com subscrição de novas ações, tal porcentagem apenas será mantida se o acionista subscrever, na mesma proporção, as referidas novas ações.

II. O DIREITO DE PREFERÊNCIA NA LEI DAS SOCIEDADES ANÔNIMAS

Ainda, o direito de preferência será salutar na preservação dos direitos políticos do acionista, isto em razão do fato de que a sua capacidade de influenciar nas deliberações tomadas em assembleia de acionistas está atrelada ao número de votos que exerce, sendo que há certos direitos que pressupõem a titularidade de um percentual mínimo de ações.

Assim, preleciona Fabio Konder Comparato[8] que tal direito visa resguardar a preservação do status ou da posição jurídica do acionista na companhia, conforme passagem a seguir:

> O direito de opção à subscrição de novas ações de aumento de capital constitui elemento indispensável à preservação do status ou posição jurídica do acionista na companhia. Esse status, como é sabido, compreende, do lado ativo, tanto direitos patrimoniais quanto direitos políticos, isto é, de participação no governo social e fiscalização da atividade administrativa. Uns e outros acham-se diretamente ligados à posição acionária no capital da companhia. De acordo com o princípio capitalístico, rigorosamente seguido na sociedade anônima, o *status socii* é determinado pelo número de ações possuídas, em relação à totalidade da mesma espécie de ações em que se divide o capital social.

O professor confere maior relevo à segunda categoria de direitos protegidos pelo instituto do direito de preferência na subscrição de ações, ensinando que o direito em questão também presta-se à garantia dos direitos políticos do acionista:

> É, sem dúvida quanto à preservação dos chamados direitos políticos do acionista que a garantia representada pelo direito de opção à subscrição de novas ações aparece em toda a sua plenitude. É que de um lado, há minorias qualificadas para o exercício de certos poderes na companhia; de outro, já o controle acionário, definido como a titularidade de ações, que assegura, de modo permanente, a maioria dos votos nas deliberações da assembleia geral e o poder de eleger a maioria dos administradores sociais.

---

[8] COMPARATO, Fábio Konder. **Novos Ensaios e Pareceres de Direito Empresarial**. Rio de Janeiro: Forense, 1981, p. 180.

Para Mauro Rodrigues Penteado[9], o direito de preferência tem por escopo assegurar a proteção do percentual do capital social que os acionistas originalmente tiverem subscrito na companhia:

> O objetivo do direito de preferência para a subscrição de ações em aumento de capital é assegurar a manutenção do percentual do capital social que os acionistas inicialmente subscreveram na companhia, evitando a diluição da participação acionária. Visa-se a manter o status quo patrimonial dos sócios, razão pela qual é um direito de natureza *intuitu pecuniae*.

Na visão de Ives Gandra Martins e Geraldo Camargo Vidigal[10], o enfoque dado ao direito de preferência está atrelado à proteção dos antigos acionistas em razão não apenas do impedimento da diluição do capital, mas também a uma espécie de contraprestação àqueles que se arriscaram inicialmente na sociedade:

> O presente art. 171 desta Lei nº 6.404/76 tem o escopo de manter a posição dos antigos acionistas em caso de aumento de capital, razão pela qual é garantido para estes, na aquisição das novas ações o direito de preferência, obedecida a proporção de suas participações anteriores, gerando o efeito prévio de expectativa de manutenção do *status quo* em termos de participação societária. O fundamento é bem simples, protegem-se os acionistas que arriscaram inicialmente, contra um locupletamento de valores das reservas sociais por parte dos novos subscritores, os quais não contribuíram para o seu aferimento, vale dizer, inviabiliza-se a diluição de valores em detrimento daqueles, mantendo-se a linha da administração contra influências externas, por vezes com intuitos não desejáveis.

Do ponto de vista financeiro, Fenelon[11] adverte ser o princípio plenamente justo, já que tem por objetivo:

> Impedir ao novo subscritor beneficiar-se às expensas dos acionistas". Acrescenta que "de fato, a não-observância do dispositivo legal de prefe-

---

[9] PENTEADO, Mauro Rodrigues. **Aumentos de Capital das Sociedades Anônimas**. São Paulo: Saraiva, 1988, p. 218.

[10] MARTINS, Ives Gandra da Silva; VIDIGAL, Geraldo Camargo. **Comentários à Lei das Sociedades por Ações**. Rio de Janeiro: Forense Universitária, 1999, p. 544.

[11] FENELON, João Pessoa Ribeiro. **O Aumento do Capital Nominal da Empresa**. Belo Horizonte: n/c, 1959, p. 49.

rência facilitaria a terceiros a entrar indiretamente na posse das reservas da empresa, além de possibilitar a anulação da influência de um acionista na sociedade.

Ascarelli[12], por sua vez, faz o leitor refletir sobre a função deste direito sob o ponto de vista da proteção, dentre outros, dos acionistas minoritários da sociedade. Para o autor, o direito de preferência está a tutelar os acionistas no que diz respeito aos seus direitos sobre as reservas de influência proporcional na administração da sociedade, impedindo, nos aumentos de capital, a livre colocação das ações pelos administradores que possa acarretar prejuízos aos minoritários e a redução das respectivas participações na administração da sociedade.

Pelo exposto, é de se notar que a atribuição de tal prerrogativa aos antigos acionistas da sociedade – em hipótese de aumento de capital – está atrelada a razões e funcionalidades próprias da natureza deste instituto, as quais não podem ser comparadas ou até mesmo interpretadas de modo análogo em nenhum outro instituto, ainda que envolva aumento de capital.

Com isso se quer dizer que as razões pelas quais o legislador conferiu a prerrogativa da preferência aos antigos acionistas para a subscrição de novas ações, ainda que mediante integralização em bens, em nada se confunde com o aumento de capital resultante de operações de incorporação de ações ou de sociedades, as quais estão fundamentadas sobre substratos diversos de uma mera situação pura de aumento de capital, conforme se verificará a seguir.

2.2. Incorporação de sociedade

A incorporação de sociedades constitui prática largamente utilizada no âmbito de operações que envolvam a concentração empresarial. Isso porque, por definição, o instituto implica na absorção de uma sociedade por outra, permitindo-se o aproveitamento de vantagens econômicas, tributárias e estratégicas decorrentes dessa estrutura.

Em alguns casos a incorporação também é praticada como ato subsequente da aquisição de controle de uma dada sociedade, sobretudo como instrumento de integração societária das duas entidades envolvidas.

---

[12] ASCARELLI, Túlio. **Studdi in Tema di Società**. Milano: Giuffrè, 1952, p. 276.

No entanto, tendo em vista que um procedimento como este pode alterar de modo substancial o direcionamento empresarial, é certo que os direitos dos acionistas, sobretudo dos minoritários, devem ser tutelados com maior acuidade[13].

A incorporação é dotada de pelo menos três características elementares, as quais definem o instituto, quais sejam: a necessária passagem dos acionistas da sociedade incorporada para a incorporadora, exceto daqueles que exercerem seu direito de retirada, a transmissão da totalidade do acervo líquido da incorporada para a incorporadora, que lhe sucede em todos os direitos e obrigações e a extinção da sociedade incorporada.

Em linhas gerais, a incorporação pode ser classificada como horizontal ou vertical. Ela será horizontal quando os acionistas da incorporada e da incorporadora não coincidirem. Nesse caso, todo o patrimônio da incorporada é transmitido para a incorporadora a título de aumento de capital[14]. Já a vertical é aquela em que todas as ações de uma sociedade são detidas por outra e, havendo incorporação, as ações da incorporada serão extintas ou substituídas por ações da incorporada. Não se perca de vista a possibilidade de que haja situação híbrida, em que a incorporadora titularize apenas parte das ações da incorporada. Nesse caso, se fala em incorporação *upstream* quando a incorporadora participa do capital da incorporada. Ao revés, quando a incorporada é titular de participação na incorporadora, ter-se-á a chamada incorporação *downstream*.

Em princípio a aprovação da incorporação dependeria da realização de três assembleias gerais: duas da incorporadora, sendo a primeira delas, destinada à aprovação do protocolo e à nomeação dos peritos que ficarão incumbidos de avaliar o patrimônio da sociedade a ser incorporada e a segunda, à aprovação do laudo de avaliação e à declaração da efetivação

---

[13] Sobre o assunto, veja Casquet, Andréia Cristina Bezerra, Alienação de Controle: limitação do poder do controlador como mecanismo de proteção dos acionistas minoritários de companhias fechadas. 2014. Tese (Doutorado em Direito Comercial) – Faculdade de Direito da Universidade de São Paulo, São Paulo, 2014, f. 70-76.

[14] Insta salientar que nem sempre o capital da incorporadora será aumentado. Sobre o assunto: Lamy Filho, Alfredo e Pedreira, José Luiz Bulhões. **Direito das Companhias**. 1ª ed. Rio de Janeiro: Forense, 2009. Vol. II, p. 1785; Kalansky, Daniel. **Incorporação de ações: estudo de casos e precedentes**. São Paulo: Saraiva, 2012, p. 45; e Costa e Silva, Francisco da e Martins Neto, Carlos. **A utilização do instituto da incorporação de ações como forma de burlar a exigência legal de OPA para fechamento de capital**. In: Revista Semestral de Direito Empresarial – RSDE nº 1, jul/dez 2007, p. 15.

da incorporação. A operação também deve ser deliberada no âmbito da incorporada, por meio de deliberação em assembleia de acionistas que aprove o laudo de avaliação e declare efetivada a incorporação. No entanto, na prática, a incorporadora usualmente delibera todas as matérias a ela afetas em um único conclave.

Tendo sido aprovado o laudo de avaliação e, caso o capital da incorporadora deva ser aumentado, as novas ações emitidas pela incorporadora serão entregues aos acionistas da incorporada, em substituição às ações que titularizavam no capital da incorporada.

2.2.1. Direito de preferência em operações de incorporação

De partida, importa ressaltar que no aumento de capital da incorporadora não há direito de preferência destinado aos seus acionistas. Isso porque a incorporação obedece regras próprias, disciplinadas em capítulo específico na LSA, as quais são incompatíveis com qualquer possibilidade de se atribuir direito de preferência aos antigos acionistas da sociedade incorporadora.

Por definição, a incorporação implica na necessária extinção da sociedade incorporada, a cujos acionistas serão atribuídas novas ações emitidas pela sociedade incorporadora, em substituição às ações que titularizavam no capital da sociedade incorporada.

Sendo assim, as novas ações emitidas pela sociedade incorporadora, possuem destinatários certos e determinados, por força dos preceitos estabelecidos expressamente em lei, os quais seriam frontalmente violados caso houvesse a pretensão de se atribuir tais ações aos antigos acionistas da sociedade incorporadora.

Nesse contexto, veja-se o parágrafo 2º do artigo 223 da LSA, o qual determina que *"Os sócios ou acionistas das sociedades incorporadas, fundidas ou cindidas receberão, diretamente da companhia emissora, as ações que lhes couberem."*

Assinale-se que este não seria o único dispositivo violado caso as ações emitidas para os acionistas da sociedade incorporada fossem atribuídas aos acionistas da incorporadora. Isso, porque o inciso I do artigo 224 da LSA, o qual trata de certos elementos que devem compor o protocolo, prevê que nele deverá constar "o número, espécie e classe das ações que serão atribuídas em substituição dos direitos de sócios que se extinguirão e os critérios utilizados para determinar as relações de substituição."

Verifica-se que as normas relativas a este direito não dão margem a dúvidas sobre o espectro da sua aplicabilidade. Nessa linha, caso o legislador dispusesse de modo diverso sobre a amplitude do direito de preferência, particularmente nas operações de incorporação de sociedades, acabaria por inviabilizar operações dessa natureza. A se pensar, qual seria o destino dos acionistas que detivessem participação na sociedade incorporada e que tivesse sido extinta quando da efetivação da incorporação? Teriam seu direito de receber as ações da sociedade incorporadora tolhido, na hipótese de exercício de eventual preferência pelos antigos acionistas de tal sociedade? E nesse caso, quem deveria arcar com o pagamento de haveres a tais acionistas? Estaríamos diante de uma expulsão compulsória de tais acionistas? Seria legítimo privar os acionistas de um bem que lhe é absolutamente disponível?

Com efeito, a operação de incorporação não se resume a uma mera transferência de bens, tampouco pode ser confundida com operação de aumento de capital com integralização em bens.

Os primorosos e profundos estudos de Carlo Santiagata sobre *"La Fusione Tra Società"* levaram à conclusão de que as operações de incorporação – tratadas no direito italiano como fusão por incorporação – não se restringem a um negócio que se subsume à mera transferência de bens entre sociedades. Caso as operações dessa natureza fossem reduzidas a tal, estaríamos diante da inconcebível negação dos elementos que são tipicamente caracterizadores da incorporação, quais sejam, a sucessão da empresa incorporada e a sua conseqüente extinção.

Assim, o autor pondera que *"é de acentuar-se que a assemelhação da fusão (por incorporação) ao negócio de transferência deixaria privada de qualquer justificação a sanção positiva da sucessão universal*[15]*"*.

O professor Alfredo Lamy Filho[16], por sua vez, preleciona que pretender equiparar a incorporação ou a fusão a operação de aumento de capital, mediante incorporação em bens, seria tratá-las como simples alienação de ativos, contrato que é da competência dos administradores da sociedade, e prossegue, mencionando a linha adotada por Santagata

---

[15] SANTAGATA, Carlo. **La Fusione tra Società**. Napoli: Morano, p. 82-83, 1969. No texto original: "è da rivelare che l'assimilazione della fusione ad um negozio di trasferimento lascerebbe priva di ogni giustificazione la sanzione positiva della successione universale".

[16] FILHO, Alfredo Lamy; PEDREIRA, José Luiz Bulhões. **A Lei das S.A.**. Rio de Janeiro: Renovar, v. II, parte III – pareceres, p. 587, 1996.

para concluir que isto não seria admissível, uma vez que na incorporação de sociedade o titular do negócio é o acionista, o qual recebe as ações de emissão da incorporadora e não a sociedade, que se extingue, e que seria titular do contrato caso se tratasse de compra e venda ou permuta. Nesse sentido, transcreve passagem do texto elucubrado por Santagata no sentido em que *"tudo isso é evidentemente inadmissível. De fato, a atribuição da participação é feita a benefício dos sócios, e não da sociedade, que, entretanto, foi quem realizou a prestação do próprio patrimônio*[17]*."*

Nesse mesmo sentido fazem-se as considerações da Comissão de Valores Mobiliários, conforme assevera em um de seus pareceres[18]:

> Frise-se, assim, que a palavra 'patrimônio' utilizada pelo § 5º, do artigo 229, tem um significado muito mais amplo do que a expressão 'subscrição em bens' constante do § 2º, do artigo 171, todos da Lei 6.404/76, representando aquele o conjunto de direitos e obrigações, enquanto estes tratam de todo e qualquer suscetível de avaliação em dinheiro, consoante corretamente define o artigo 7º da referida lei.

Ainda, no clássico *"Contributo allo Studio del Diritto d'Opzione"*, de Raffaele Nobili[19], observa-se que a exclusão do direito de preferência em operações de incorporação de sociedades existe e é indiscutível no ordenamento jurídico italiano, nada obstante não haja norma legal expressa nesse sentido.

Na mesma linha seguem os comentários de Garrigues e Uria[20] com relação à lei de sociedades em vigor na Espanha:

> E também não estará em jogo na incorporação o art. 92, que assegura aos acionistas antigos, direito de preferência à subscrição das novas ações emitidas pela sociedade. (...). Neste caso, as ações são emitidas para destinatários forçosos, frente aos quais não podem ter preferência os sócios antigos.

---

[17] No texto original: "Tutto ciò è evidentemente inammissible. Infatti, l'attribuzione delle participazioni è fatta a favore dei soci e non della società che, invece, há la prestazione del próprio patrimônio."

[18] BRASIL. Comissão de Valores Mobiliários. Parecer CVM/SJU nº 62, 30 de agosto de 1978.

[19] NOBILI, Raffaele. **Contributo allo Studio del Diritto d'Opzione.**, Milano: Giuffrè, 1976, p. 166.

[20] GUARRIGUES, Joaquim; URIA, Rodrigo. **Comentario a la Ley de Sociedades Anônimas**. Madri: Imprenta Aguirre, 1976, p. 151.

Desse modo, parece não haver dúvidas de que não apenas na legislação pátria, como também na estrangeira, que em operações de incorporação, pelo próprio conceito do instituto, é inviável que se permita o exercício de preferência pelos antigos acionistas da sociedade incorporadora.

Nesses termos, vale a leitura das conclusões da Comissão de Valores Mobiliários sobre o tema, conforme transcrição do seguinte excerto do Parecer/CVM/SJU/N°062:

> Portanto, se à cisão se aplicam as disposições pertinentes à incorporação, se ambas guardam a mesma natureza jurídica, e se o aumento de capital se faz pela versão do patrimônio líquido (bens, direitos e obrigações) e não pela simples subscrição em bens, é fora de dúvida que inexiste antinomia entre o que dispõe o §2º do artigo 171, com as regras constantes do artigo 229 e seus parágrafos, da Lei 6.404/76. Além disso, é preciso ter em conta que a lei não pode conter dispositivos inúteis. Desejasse o legislador que à cisão se aplicasse o disposto no §2º do artigo 171, da lei citada, certamente não teria editado o §5º do artigo 229, ou, quando muito, neste faria remissão àquele.

Feitas estas considerações, a autarquia conclui que:

> Em conclusão, pois, podemos afirmar que a cisão não se confunde com o aumento de capital em bens, não lhe sendo aplicável, por conseguinte, a regra enunciada no §2º do artigo 171 da Lei 6.404/76. Ao revés os acionistas da cindida figuram perante a sociedade beneficiada na qualidade de subscritores. O patrimônio com que a cindida contribui para o aumento de capital da beneficiada representa o preço que os acionistas daquela pagam para realizar a subscrição e adquirir os direitos decorrentes da condição de acionista da beneficiada, não competindo aos acionistas desta qualquer direito de preferência.

Assinale-se, que muito embora a autarquia trate de operação de cisão em suas conclusões, é certo que a incorporação, a fusão e a cisão, apesar de serem três institutos diferentes e de existir discussão a respeito de seus efeitos, pode-se verificar que as seguintes características são encontradas em cada um deles e que, portanto, o entendimento acima esposado poderia ser aplicado às operações de incorporação:

(i) a sucessão universal de todos os direitos e obrigações anteriormente assumidos pelas sociedades que se extinguem ou se desmembram;

(ii) o desaparecimento da personalidade jurídica de uma ou mais sociedades com a posterior constituição de outras ou a sua absorção;

(iii) a transmissão patrimonial a título universal entre as sociedades, haja ou não a extinção[21].

Desse modo, nota-se que pelo próprio conceito da operação de incorporação de sociedades, seria inviável e *contra legem* qualquer pretensão de se atribuir direito de preferência aos antigos acionistas de sociedade incorporadora[22]. Isto porque, conforme se viu, integra o próprio conceito da incorporação a emissão de novas ações pela sociedade incorporadora para destinatários certos e determinados, sendo certo que a pretensão de conferir qualquer outro destino a tais ações, que não a subscrição pelos acionistas da sociedade incorporada, implicaria em assumir a descaracterização da operação e criação de uma nova modalidade jurídica de reorganização.

Uma vez verificada a impossibilidade do exercício de direito de preferência pelos acionistas da sociedade incorporadora, particularmente nas operações de incorporação de sociedades, é certo que tais acionistas não poderão ficar desprovidos de outros mecanismos de proteção que assegurem seus interesses originais na sociedade. Desse modo, discorreremos no presente estudo sobre as principais alternativas de proteção oferecidas pela lei em operações desta natureza, de modo a justificar as razões pelas quais o instituto é plenamente utilizado e permanece interessante àqueles que o incluam em estratégias de reorganizações societárias.

2.3. Incorporação de Ações

A Lei de Sociedades Anônimas estabelece em seu art. 252 regramento relativo à incorporação da totalidade das ações de uma companhia ao

---

[21] SANTAGATA, Carlo. **La Fusione tra Società.** Napoli,: Morano, 1969, p. 77. – O autor entende que a compenetração dos grupos sociais não é essencial à incorporação, conforme admite na seguinte passagem: "Basta a observação da não essencialidade da 'compenetração dos grupos sociais' (em relação àquelas hipóteses nas quais as incorporações se realizam sem o ingresso de novos sócios na incorporadora)." Tradução livre.

[22] "No aumento de capital da incorporadora não há direito de preferência para seus acionistas, pois o seu exercício impossibilitaria a operação que tem, como um dos seus traços essenciais, a integralização do capital da incorporadora com o patrimônio da incorporada, recebendo os acionistas desta última as ações emitidas pela incorporadora". EIZIRIK, Nelson. **A Lei das S/A Comentada.** São Paulo: Quartier Latin, 2011. Vol. III, p. 249-250.

capital de outra companhia brasileira, convertendo-a em subsidiária integral[23].

Assim, por meio da incorporação de ações, todas as ações de uma companhia são contribuídas ao capital social da sociedade incorporadora, tornando-se aquela subsidiária integral desta. Por conseguinte, a sociedade incorporadora deverá aumentar seu capital mediante a emissão de novas ações a serem atribuídas aos antigos acionistas da sociedade convertida em subsidiária integral. Por esse modelo, os acionistas da companhia cujas ações foram incorporadas, passam a ser acionistas diretos da companhia que incorporou tais ações e indiretos da companhia em que originariamente titularizavam participação.

A operação se traduz em modelo híbrido de concentração empresarial, tendo em vista que ao mesmo tempo que promove a integração entre as sociedades envolvidas, tal como ocorre em operações de fusão ou incorporação de sociedades, a sociedade cujas ações são incorporadas, mantém sua personalidade jurídica[24].

Muito embora se tratem de institutos diversos, que se diferenciam pelas suas características e efeitos, o procedimento legal estabelecido para a incorporação de ações obedece, de modo geral, aquele atribuído à incorporação de sociedades.

Com efeito, primeiramente, cabe às companhias envolvidas definir as condições da operação por meio da elaboração do protocolo e da justificativa, os quais devem ser aprovados pelos acionistas em assembleia geral.

Um dos principais elementos que deve constar de tais documentos diz respeito à relação de substituição das ações, para a qual não há qualquer regra cogente sobre os critérios para a sua determinação. Não se pode descurar, no entanto, dos deveres e responsabilidades a que estão sujeitos os administradores das sociedades, sobretudo no que diz respeito ao tratamento conferido aos acionistas que não integrem o controle das sociedades envolvidas.

---

[23] A subsidiária integral pode surgir sob três formas distintas: (i) por meio de constituição direta como subsidiária integral, também chamada de originária, nos termos do caput do art. 251 da LSA, (ii) aquisição de ações e (iii) incorporação de ações. As duas últimas modalidades são também chamadas de constituição derivada, tendo em vista que a companhia é transformada em subsidiária integral.

[24] EIZIRIK, Nelson. **A Lei das S/A Comentada**. São Paulo: Quartier Latin, 2011. Vol. III, p. 397.

II. O DIREITO DE PREFERÊNCIA NA LEI DAS SOCIEDADES ANÔNIMAS

Como já se antecipou neste estudo, o aumento do capital da sociedade incorporadora se perfaz mediante a subscrição de novas ações a serem emitidas pela incorporadora, as quais deverão ser subscritas com bens (ações incorporadas). Via de consequência, referidas ações devem ser avaliadas com base no disposto no art. 8º da LSA, o qual visa assegurar que as ações sejam incorporadas em vista do princípio da realidade do capital social, essencial para a garantia dos direitos dos credores da sociedade incorporadora.

A despeito da ausência de disposição que estabeleça norma cogente sobre a apuração da relação de troca, os critérios mencionados no art. 170 da LSA, quais sejam, patrimonial, perspectiva de rentabilidade e valor de mercado, devem ser considerados para a justificação da relação de troca.

Nesse ponto faz-se necessário reiterar que, ao contrário das disposições aplicáveis à incorporação de sociedade, na incorporação de ações o legislador estabeleceu expressamente que os acionistas originais da sociedade incorporadora não terão direito de preferência para subscrever as novas ações originadas da incorporação das ações da outra companhia. Isso porque "o direito de preferência é absolutamente incompatível com a natureza da operação, visto que seu exercício simplesmente impediria que as ações da incorporadora fossem entregues aos acionistas da sociedade cujas ações são incorporadas[25]".

Num segundo momento, os acionistas devem aprovar o protocolo e a justificação por meio de assembleia geral, garantindo-se aos dissidentes o direito de retirada. Particularmente nas operações de incorporação de ações garante-se o direito de retirada tanto aos acionistas da sociedade que teve suas ações incorporadas quanto aos acionistas da sociedade incorporadora.

O direito de recesso, conforme se verificará ao longo deste estudo, não foi previsto para os acionistas da sociedade incorporadora em operação de incorporação de sociedade. A questão ganha relevo sobretudo pelo fato de que não há qualquer justificativa que permita a diferenciação de tratamento dos acionistas da sociedade incorporadora, garantindo-se o direito de recesso apenas a tais acionistas em caso de incorporação de ações. A discussão, conforme se verificará, tem como base o fato de que

---

[25] EIZIRIK, Nelson. **A Lei das S/A Comentada**. São Paulo: Quartier Latin, 2011. Vol. III, p. 399.

tais operações estão sujeitas à aprovação da maioria em assembleia geral e, desse modo, havendo dissidentes, a consequência natural seria que se permitisse o direito de retirada, garantindo-se liquidez àqueles que optarem por não se subordinar a esta decisão, sobretudo no âmbito de companhias fechadas. A lógica estaria no fato de que o processo de tomada de decisões no Direito Brasileiro não se dá de modo alternado, ao revés, tendo em vista que vige entre nós o princípio majoritário, em que a formação da vontade não ocorre por cabeça, mas sim, pela participação no capital, uma vez estando a maioria dos votos nas mãos de uma maioria *estável*, essa maioria sempre prevalecerá – daí a necessidade de se conferir proteções àqueles que ficam permanentemente subordinados às decisões de uma mesma maioria. O debate sobre o tema se torna ainda mais relevante quando a incorporação envolve sociedade controladora e sua controlada, pois nesse caso há apenas uma maioria em ambas as sociedades envolvidas, aumentando-se a probabilidade de exercício abusivo do poder de controle.

Por fim, numa terceira etapa, alcança-se a efetivação do negócio já aprovada, mediante o aumento do capital da companhia incorporadora e integralização com as ações incorporadas. Cumpre à diretoria da companhia que teve suas ações incorporadas subscrever o capital da companhia incorporadora, de modo que a seus acionistas sejam atribuídas as ações da incorporadora, observada a relação de substituição das ações estabelecida no protocolo da incorporação.

2.4. Relações entre Incorporação de Sociedades e Incorporação de Ações

Apesar das diversas similaridades encontradas na incorporação de sociedades e incorporação de ações, ambas as operações não devem ser confundidas, sobretudo pelo fato de que possuem regramentos distintos que lhes conferem contornos próprios, produzido efeitos diversos em cada qual.

Nesses termos, conforme se verificou anteriormente, a incorporação de sociedades é retratada pela lei como uma técnica de reorganização societária, por meio da qual uma ou mais sociedades são absorvidas por outra, que lhes sucede em seus direitos e obrigações. Diante dessa definição é possível depreender que um de seus principais efeitos consiste na transmissão de todo o patrimônio da sociedade incorporada para a incorporadora, resultando na extinção daquela que foi incorporada. Por outro lado, na incorporação de ações, a totalidade das ações do capital de uma companhia é transferida ao patrimônio de uma companhia brasileira, convertendo-se em subsidiária integral, sendo mantida a personalidade jurídica de ambas as sociedades envolvidas. Nesse caso não há que se falar na transferência do patrimônio de uma companhia para outra, mas sim na transferência da totalidade das ações de uma ao patrimônio da outra, a qual se torna a única acionista da sociedade que teve suas ações incorporadas. Como consequência, a sociedade que fora convertida em subsidiária integral não se estingue e mantém sua personalidade jurídica íntegra, não ocorrendo, portanto, sucessão de direitos e obrigações por nenhuma das sociedades.

Em ambos os casos, no entanto, a operação pode resultar em aumento de capital da sociedade incorporadora: no caso da incorporação de sociedades, mediante a conferência do patrimônio líquido da incorporada e, no caso da incorporação de ações, mediante versão da totalidade das ações daquela se que tornou subsidiária integral. Assim é que apesar de denotarem características e efeitos diversos, a lei estende à incorporação de ações o procedimento atribuído à incorporação de sociedades, inclusive no que diz respeito ao protocolo e à sua respectiva justificação.

Na incorporação de ações as ações, ao contrário do que ocorre com a incorporação de sociedades, as ações não são extintas, mas sim, necessariamente transferidas para a incorporadora que, em troca, atribui aos acionistas da sociedade que se tornou subsidiária integral as novas ações emitidas em decorrência do aumento de capital.

Os acionistas da sociedade incorporadora, seja em incorporação de ações, seja em incorporação de sociedades não possuem direito de preferência para a subscrição das novas ações em decorrência da aumento de capital, direito esse que normalmente lhes seria conferido numa situação pura de aumento de capital com integralização em bens (art. 171, §2º), no entanto, o legislador deixou isso expresso apenas ao tratar das incorporações de ações, nos termos do art. 252, §1º da LSA.

As diferenças vão ainda mais além, pois ao passo que se estabelece expressamente a possibilidade de direito retirada aos acionistas da sociedade incorporadora em caso de incorporação de ações, deixando de prever o mesmo para os acionistas da incorporadora em caso de incorporação de sociedades.

Ao se tratar de incorporação de sociedade controlada, a lei estabelece normas adicionais no art. 264. Isso porque a incorporação de companhia controlada requer normas especiais para a proteção de acionistas minoritários, por isso que não existem, na hipótese, duas maiorias acionárias distintas, que deliberem separadamente sobre a operação, defendendo os interesses de cada companhia[26].

Por essas características é possível asseverar que a opção por uma ou outra modalidade no âmbito de reorganizações societárias deve levar em conta sobretudo a possibilidade de recesso pelos acionistas da incorporada e da incorporadora no caso de incorporação de ações, direito este previsto apenas para os acionistas da incorporada em caso de incorporação de sociedade. Ainda, deve-se considerar a relevante questão da sucessão universal embutida no conceito da incorporação de sociedades, com a implicação de que "a sucessora passa a ser sujeito ativo e passivo de todos os direitos e obrigações do patrimônio, ainda que não sejam conhecidos no momento da sucessão, ou que não constem da escrituração da sociedade sucedida[27]". Ao revés, na incorporação de ações afasta-se qualquer discussão sobre sucessão, tendo em vista que a sociedade convertida em subsidiária integral "não se extingue, permanecendo como pessoa jurídica independente, com plena autonomia patrimonial, sem que ocorra sucessão de direitos e obrigações entre as sociedades evolvidas[28]". Ainda, deve-se considerar a necessidade de manutenção ou não de ambas as sociedades, especialmente com relação a aspectos regulatórios, tributários e de segregação de riscos[29].

Sob o ponto de vista regulatório, caso o objeto social da atividade desenvolvida pela sociedade requeira a obtenção de alguma licença ou autorização junto ao poder público, havendo a incorporação de sociedade com a sua consequente extinção, uma nova licença deverá ser obtida pela sociedade incorporadora caso as mesmas atividades sejam por ela exercidas.

---

[26] Exposição de Motivos nº 196, de 24 de junho de 1976, do Ministério da Fazenda.

[27] LAMY FILHO, Alfredo e PEDREIRA, José Luiz Bulhões. **Direito das Companhias**. 1ª ed. Rio de Janeiro: Forense, Vol. II, 2009, p. 1770.

[28] LEÃES, Luiz Gastão Paes de Barros. *Pareceres*. São Paulo: singular, Vol. II, 2004, p. 1413.

[29] KALANSKY, Daniel. **Incorporação de ações: estudo de casos e precedentes**. São Paulo: Saraiva, 2012, p. 42.

Quanto aos aspectos tributários, valem as palavras de Daniel Kalansky, segundo o qual:

> Do ponto de vista tributário, na incorporação de sociedade perde-se o direito de compensar prejuízos e créditos tributários existentes na companhia incorporada, enquanto na incorporação de ações a possibilidade de apropriação das vantagens fiscais pela operação lucrativa da companhia após a reestruturação pode motivar a utilização desta operação. Além disso, existem casos em que a sociedade incorporada tem regime fiscal especial que não pode ser transferido por meio de sucessão e, para mantê-lo é preciso continuar com personalidade própria[30].

Por fim, no que diz respeito ao objetivo de segregar riscos, conforme já se discutiu no presente estudo, a incorporação de ações se mostra como opção mais acertada, em vista da manutenção da sociedade convertida em subsidiária integral, a qual permanece como a única responsável pelas obrigações por ela assumidas.

2.5. Incorporação de controlada

Às operações de reorganização societária que envolvem companhia controlada e sua controladora ou sob controle comum é atribuído regramento especial, sobretudo no que diz respeito à "incorporação de ações de companhia controlada ou controladora" ou de "incorporação de sociedades sob controle comum", nos termos do art. 264 da LSA.

As regras especiais estabelecidas no dispositivo em questão justificam-se em função da necessidade de proteção adicional aos acionistas minoritários da companhia incorporada, uma vez que nessas hipóteses não há duas vontades sociais que pudessem permitir a defesa de interesses de cada uma das companhias que fazem parte do negócio, ao contrário, há um mesmo acionista controlador que decide acerca das circunstâncias envolvidas nos dois lados da operação. Em outros termos, "não se verifica a bilateralidade que asseguraria, em tese, o caráter equitativo da operação. Ocorre, ao contrário, uma situação de 'autocontratação', pois um mesmo acionista controlador decide pelos 2 (dois) lados (...)[31]".

---

[30] KALANSKY, Daniel. **Incorporação de ações: estudo de casos e precedentes**. São Paulo: Saraiva, 2012. p. 43.
[31] EIZIRIK, Nelson. **A Lei das S/A Comentada**. São Paulo: Quartier Latin, Vol. III, 2011, p. 402.

As regras especiais referem-se precipuamente à relação de troca das ações da controlada de propriedade daqueles que não façam parte do controle. Caso houvesse sociedades com controladores distintos, a operação de incorporação se efetivaria como resultado de negociações entre sujeitos distintos que procurariam imprimir no negócio suas respectivas vontades, de modo que ao final uma homogeneidade de interesses pudesse prevalecer, não haveria que se falar no estabelecimento de normas especiais aos acionistas, no entanto, diante da realidade representada nessas operações, a lei exige que os critérios de avaliação do patrimônio da companhia incorporada e de fixação da relação de substituição sejam determinados de forma expressa no protocolo.

O cálculo da relação de substituição com base no patrimônio líquido a preço de mercado, conforme determinado no caput do art. 264 deverá servir apenas como elemento de comparação entre o critério estabelecido no protocolo, isso porque mesmo na hipótese de incorporação de controlada, as partes são livres para negociar os parâmetros a serem utilizados na relação de troca.

Se, todavia, as relações de substituição das ações dos não controladores definidas no protocolo se mostrarem menos vantajosas do que as derivadas do referido cálculo, os dissidentes da controlada poderão optar, ao exercer o direito de recesso que lhes compete, entre o reembolso fixado com base no valor do patrimônio líquido contábil ou com base no valor de patrimônio líquido a preço de mercado.

2.6. Operação de incorporação implica em necessário aumento de capital?

A Lei das Sociedades Anônimas estabelece no *caput* do artigo 226 que "as operações de incorporação, fusão e cisão somente poderão ser efetivadas nas condições aprovadas se os peritos nomeados determinarem que o valor do patrimônio ou patrimônios líquidos a serem vertidos para a formação de capital social é, ao menos, igual ao montante do capital a realizar".

O mesmo diploma trata especificamente de operações de incorporação, conforme redação dada pelo artigo 227:

> Art. 227. A incorporação é a operação pela qual uma ou mais sociedades são absorvidas por outra, que lhes sucede em todos os direitos e obrigações.
>
> § 1º A assembleia-geral da companhia incorporadora, se aprovar o protocolo da operação, deverá autorizar o aumento de capital a ser subscrito

e realizado pela incorporada mediante versão do seu patrimônio líquido, e nomear os peritos que o avaliarão.

§ 2º A sociedade que houver de ser incorporada, se aprovar o protocolo da operação, autorizará seus administradores a praticarem os atos necessários à incorporação, inclusive a subscrição do aumento de capital da incorporadora.

§ 3º Aprovados pela assembleia-geral da incorporadora o laudo de avaliação e a incorporação, extingue-se a incorporada, competindo à primeira promover o arquivamento e a publicação dos atos da incorporação.

Primeiramente, a análise dos dispositivos acima transcritos permite verificar que a Lei das Sociedades Anônimas disciplinou o aumento de capital na incorporação, mas não previu expressamente a possibilidade de que as operações dessa natureza possam ser realizadas sem o aumento de capital da incorporadora.

Neste aspecto, bem observa Lamy Filho[32] em seus pareceres:

> Com efeito, incorporação e fusão não se esgotam com a transferência de bens, nem se confundem com aumento de capital mediante capitalização de créditos – embora possa ocorrer na incorporação aumento de capital pela absorção de patrimônio líquido da incorporada (**como também poderia deixar de ocorrer, se a incorporadora detivesse todas as ações da incorporada, ou, ainda, se o patrimônio da empresa absorvida fosse negativo**). (Grifou-se)

Neste aspecto, questiona-se sobre a possibilidade de realização de operação de incorporação sem aumento de capital da incorporadora e, especialmente, sobre a viabilidade da incorporação de uma sociedade com patrimônio líquido negativo, caso em que, por definição, se exclui o aumento de capital.

Pois bem, uma das hipóteses de incorporação sem aumento de capital, consiste da situação em que a sociedade incorporadora possua ações próprias (mantidas em tesouraria), em número suficiente para atribuí-las a novos acionistas.

---

[32] FILHO, Alfredo Lamy; PEDREIRA, José Luiz Bulhões. **A Lei das S.A.**. Rio de Janeiro: Renovar, v. II, parte III – pareceres, 1996, p. 587.

Uma segunda hipótese que vislumbramos consiste do fato de a sociedade incorporadora titularizar todas as ações da incorporada. Trata-se, a rigor, de operação de incorporação de subsidiária integral, em que não há sócios da sociedade incorporada, cujas ações ou quotas devam ser substituídas pelas da incorporadora, uma vez que esta tem a propriedade de todas as ações emitidas pela incorporada. Neste caso, claramente configura-se o instituto da confusão, previsto no artigo 381 do Código Civil, o qual estabelece que extingue-se a obrigação desde que na mesma pessoa se confundam as qualidades de credor e devedor. Assim, quando a sociedade incorporadora for acionista da sociedade incorporada, confundem-se na mesma pessoa as qualidades de credor e devedor, extinguindo-se a obrigação.

Desse modo, verifica-se que em operações de incorporação de subsidiária integral, as ações de emissão da sociedade a ser incorporada, detidas pela incorporadora, são extintas no processo de incorporação, podendo, porém, nos limites da lei, ser substituídas por ações em tesouraria da incorporadora, como expressamente admite o parágrafo 1º do artigo 226 da Lei das Sociedades Anônimas.

Destacamos ainda um terceiro caso de realização de operação de incorporação sem aumento de capital que consiste da incorporação de sociedade com patrimônio líquido negativo. A discussão merece destaque e sua viabilidade deve ser analisada sob às vistas da doutrina, uma vez que a lei nada dispõe a seu respeito.

Partiremos da análise do assunto sob a ótica do direito estrangeiro, para em seguida verificarmos o posicionamento da doutrina brasileira, de modo que ao final tenhamos elementos suficientes para ponderar sobre a viabilidade ou não da realização de operações de incorporação de sociedades com patrimônio líquido negativo.

Inicialmente, verificamos que a doutrina italiana[33]posiciona-se no sentido em que "Talvolta la società incorporante sarà in grado di dare in câmbio ai soci della società incorporata azioni proprie da essa già possedute (...), evitando cosi di ricorrere all'aumento del capitale".

Isso significa dizer que a sociedade incorporadora estará apta a dar em troca aos sócios da incorporada ações próprias que aquela já possui (...), evitando assim recorrer ao aumento do capital.

---

[33] Corsi, Francesco; Perrara Jr., Francesco. **Gli Imprenditori e le Societá**. Milão: Giuffré, 1992, p. 819.

II. O DIREITO DE PREFERÊNCIA NA LEI DAS SOCIEDADES ANÔNIMAS

Complementa Tantni[34], na resenha de Nicola Marotta, publicada na *Rivista Delle Società* que:

> Nella fusione l'aumento di capitale dell'incorporante há in sé la sola funzione di consentire l'emissione di nuove azione da assegnare ai soci dell'incorporata sulla base del rapporto di câmbio, assolvendo all'essenziale esigenza di collocare i vecchi e i nuovi soci, nella soceità risultante dalla fusione, nelle proporzioni di partecipazione concordemente assegnate, no già di determinare l'entità del nuovo capitale sociale in rapporto ao nuovo netto patrimoniale risultante dalla fusione.

Como se vê, para Tantni, o aumento de capital da sociedade incorporadora tem em si a única função de permitir a emissão de novas ações para serem atribuídas aos sócios da incorporada com base na relação de troca, atendendo a essencial exigência de colocar os velhos e os novos sócios, na sociedade resultante da fusão, nas proporções de participação acordadas, não de determinar o novo capital social em relação ao novo patrimônio líquido resultante da fusão.

O jurista italiano Carlos Santagata[35] também se posicionou sobre o assunto e tal como no direito pátrio, relacionou de forma sintetizada as situações em que não será necessário o aumento de capital: a) a sociedade incorporadora é a única sócia da incorporada; b) a sociedade incorporada é a única sócia da incorporadora; c) a sociedade incorporadora possui ações próprias em quantidade suficiente para satisfazer às exigências de troca.

Na doutrina portuguesa, encontramos os ensinamentos de Raul Ventura[36] nos seguintes termos:

> O aumento de capital só é necessário para a execução da fusão até o montante da soma das participações destinadas aos sócios da sociedade incorporada. Se a incorporante quiser, por ocasião da fusão, aumentar o seu capital, quer nas novas entradas quer por incorporação de reservas, essa deliberação é autônoma e deve obedecer os requisitos e pressupostos normalmente exigidos pela lei ou pelo contrato.

---

[34] MAROTTA, Nicola. **Rivista Delle Società**. Milão: Giuffrè, 1991, p. 1.504.

[35] SANTAGATA, Carlo. **La Fusione tra Società**. Napoli,: Morano, 1969, p. 88.

[36] VENTURA, Raul. **Comentário ao Código das Sociedades Comerciais**, Coimbra: Livraria Almedina, 1990, p. 67.

Vale também mencionar o entendimento da doutrina argentina, com base na opinião do jurista argentino, Zavala Rodriguez[37], o qual ensina que a fusão por absorção consiste de um incremento patrimonial, e, eventualmente, porém, não necessariamente, em um aumento de capital da sociedade incorporadora.

Assim, verifica-se que a doutrina estrangeira não prevê o aumento do capital social como um elemento essencial às operações de incorporação de sociedades, isso porque admite que a incorporação desprovida de aumento de capital ocorra toda vez que o aumento não é necessário para o fim de criar ações que devam ser atribuídas aos acionistas da sociedade incorporada – i.e. nos casos de incorporação de sociedade da qual a incorporadora detenha a totalidade das ações ou no caso de a sociedade incorporadora já possuir ações em tesouraria.

Na doutrina pátria, Bulgarelli[38] logo esclarece que a tendência da doutrina tem seguido no sentido de admitir exceções à regra geral de que a incorporação acarreta o aumento do capital da incorporadora, o que lhe retira o caráter de essencialidade.

Analisemos a lei.

O artigo 227, parágrafos 1º e 2º da Lei das Sociedades Anônimas, estabelecem como parte do procedimento de incorporação o aumento de capital da incorporadora, subscrito e realizado pela incorporada com a versão de seu patrimônio líquido. Ao estabelecer as regras relativas ao aumento de capital da incorporadora, o legislador considerou os casos ordinários, normais, isto é, aquilo que via de regra ocorre; mas que não deriva do sistema legal ou de algum princípio de ordem pública, que estejam excluídas hipóteses de incorporação sem aumento de capital

Assim, veja-se que a Lei das Sociedades Anônimas admite a possibilidade de incorporação sem a realização de aumento de capital e sem troca de participações ao regular o tratamento a ser conferido às ações da sociedade a ser incorporada, de que for titular a companhia incorporadora. Desse modo, segundo o parágrafo 1º do artigo 226 da Lei das Sociedades Anônimas, conforme já transcrito acima, tais ações poderão, nos termos do protocolo de incorporação, (i) ser extintas ou (ii) substituídas por

---

[37] RODRIGUEZ, Zavala. **Fusion y Escisión de Sociedades**. Buenos Aires: Depalma, 1976, p. 67.

[38] BULGARELLI, Waldirio. **A Incorporação das Sociedades Anônima**. São Paulo: Universitária de Direito, 1975, p. 180.

II. O DIREITO DE PREFERÊNCIA NA LEI DAS SOCIEDADES ANÔNIMAS

ações em tesouraria da incorporadora, até o limite dos lucros acumulados e reservas, exceto a legal.

Ressalte-se, que o ponto a que se prende esta análise, contudo, está relacionado não apenas à verificação da viabilidade da realização de incorporação de sociedade com patrimônio líquido negativo, mas também, uma vez reconhecida esta possibilidade, à análise de sua utilização como fundamento para que os acionistas da incorporadora possam clamar pelo recesso.

Na realização de incorporação de sociedade nas condições ora aventadas, não há que se falar no aumento do capital da incorporadora, uma vez que a sociedade incorporada encontra-se desprovida de fundos necessários à contribuição do aumento. Por outro lado, cumpre destacar que a incorporação de um patrimônio líquido negativo não resulta na redução do capital social da incorporadora, se esta mantiver lucros acumulados ou reservas bastantes para compensar a perda. Porém, caso a incorporadora não possua este *surplus* monetário para cobrir as deficiências financeiras da sociedade incorporada, pode ter o seu patrimônio afetado, prejudicando os acionistas da sociedade incorporadora.

A questão está relacionada com o "saneamento financeiro" da companhia, o qual consiste em reduzir o capital social no valor dos prejuízos acumulados, e aumentá-lo mediante novas subscrições. Assim, se o capital social já foi totalmente absorvido, por prejuízos, de tal modo que o patrimônio líquido resulta nulo ou negativo, a assembleia geral pode reduzir o capital a zero, extinguido as ações existentes, e aumentá-lo mediante a subscrição de novas ações. A redução do capital, em tais circunstâncias, expressamente autorizada na Lei das S.A,. (art.173), é muitas vezes indispensável para que haja subscritores dispostos a recapitalizar a empresa[39].

Na visão de Lamy Filho[40] o referido "saneamento financeiro" supõe a existência de prejuízos na sociedade: *"Quando tais prejuízos absorvem toda a cifra do capital social, e o patrimônio líquido passa a negativo, o saneamento con-*

---

[39] Parecer Consultor Jurídico do Ministro de Estado do Indústria, do Comércio e do Turismo – CONJUR/MICT Nº 129 de 26.12.1996.

[40] FILHO, Alfredo Lamy; PEDREIRA, José Luiz Bulhões. **A Lei das S.A.**. Rio de Janeiro: Renovar, v. II, parte III – pareceres, 1993, p. 476. apud ASCARELLI, Tullio. **La Riduzione del Capitale a Zero** *in* **Rivista delle Società**. Itália: Giuffrè, 1959, p. 52.

siste em reduzir o capital a zero e aumentá-lo mediante subscrição de novas ações.". Acrescenta ainda que:

> Os credores não são chamados a se manifestarem, porque o patrimônio que a cifra de capital retém na sociedade, para garantir os créditos, não é reduzido: – se a sociedade fosse à falência, ou liquidada, naquele instante, os credores continuariam com a mesma garantia do patrimônio revelado no balanço e que permanece intocado. Não há, pois, prejuízo para os credores: – é o que, com sua autoridade, afirma Francesco Ferrara (...).

Nota-se, que tanto no parecer mencionado, como na visão do professor Lamy, uma das principais razões que legitimam a incorporação de uma sociedade com patrimônio líquido negativo consiste da recapitalização de uma sociedade insolvente, em outra sociedade.

Pelas razões expostas, conclui-se pela viabilidade da realização de incorporação de sociedade com patrimônio líquido negativo. Vale ainda dizer que nada obstante tenhamos concluído pela viabilidade da operação descrita neste item, não é verdadeira a afirmação de que em tal hipótese os acionistas da sociedade incorporadora estariam legitimados a exercer direito de retirada da sociedade.

Importa ainda ressaltar que muito embora não haja restrições legais à incorporação de sociedade com patrimônio líquido negativo, caso os acionistas da sociedade incorporadora sofram prejuízos em função da decisão desacertada de seus controladores, a hipótese poderá ser considerada prática abusiva do exercício do controle, sujeita à responsabilização de seus membros, nos termos do art. 117 da LSA.

III. O direito de recesso no âmbito das operações de incorporação

A prevalência do capital dificulta, e muitas vezes inviabiliza a alternância de poder[41] no âmbito das sociedades anônimas, ficando os acionistas que não integram o controle da companhia numa permanente relação de supremacia e sujeição com relação à maioria estável que constitui a realidade das companhias brasileiras[42], aos quais cabem, enquanto forem detentores da maioria dos votos nas deliberações em assembleia geral, as decisões finais quanto ao rumo dos negócios sociais e o poder de eleger a maioria dos administradores da companhia.

[41] Sobre o assunto, veja CASQUET, Andréia Cristina Bezerra, Alienação de Controle: limitação do poder do controlador como mecanismo de proteção dos acionistas minoritários de companhias fechadas. 2014. Tese (Doutorado em Direito Comercial) – Faculdade de Direito da Universidade de São Paulo, São Paulo, 2014, p. 98 e ss.

[42] Efetivamente valem as palavras de Georges Ripert: "... a empresa é uma comunidade hierarquizada. Tem um chefe que não representa somente o capital, mas também todas as forças comprometidas na empresa e que deve dirigir no interesse comum. Então mesmo que o chefe seja designado pelos detentores do capital, não representa o capital, e sim a empresa. Compreende-se então, porque é necessário falar dos direitos individuais dos acionistas. Se se admite que o capital é dono absoluto da empresa, não pode haver dúvida senão quanto à proteção da minoria. Como acionista que trouxe fração do capital poderia ter direito individual contra o capital? Tudo se explica se se trata de defender o capital contra a direção. Comparam-se os direitos individuais do acionista opostos à onipotência da direção aos direitos do homem em contraste com a onipotência do poder político." RIPERT, Georges. **Aspectos Jurídicos do Capitalismo Moderno**. Rio de Janeiro: Freitas Bastos, 1947, p. 297-298.

A Lei das Sociedades Anônimas, com efeito, estabelece, como regra, no seu artigo 129, que as deliberações sociais serão tomadas em assembleia geral mediante a aprovação da maioria do capital social. Como contrapartida, assegura à minoria certos direitos intangíveis, fundamentais ou inderrogáveis, os quais nem o estatuto, nem a assembleia geral podem suprimir ou modificar.

Tais direitos estão previstos no artigo 109 da Lei das Sociedades Anônimas, nos seguintes termos:

> Art. 109. Nem o estatuto social nem a assembleia-geral poderão privar o acionista dos direitos de:
>
> I – participar dos lucros sociais;
>
> II – participar do acervo da companhia, em caso de liquidação;
>
> III – fiscalizar, na forma prevista nesta Lei, a gestão dos negócios sociais;
>
> IV – preferência para a subscrição de ações, partes beneficiárias conversíveis em ações, debêntures conversíveis em ações e bônus de subscrição, observado o disposto nos artigos 171 e 172;
>
> V – **retirar-se da sociedade nos casos previstos nesta Lei.**(...)" (Grifou-se)

Verifica-se, numa primeira análise do tema, que tal como no plano constitucional, em que foram criados direitos e garantias fundamentais a cada um dos indivíduos, como forma de coibir os abusos de poder exercidos pelos governos, podemos dizer, de forma análoga, que os referidos direitos essenciais ou intangíveis dos acionistas foram assumidos sob o espectro da proteção aos minoritários dos abusos cometidos pelos controladores, conforme ensina Luis Gastão Paes de Barros Leães[43] em seus comentários à Lei das Sociedades Anônimas:

> Assim, à semelhança dos direitos individuais dos cidadãos, cuja inviolabilidade é assegurada pela Constituição Federal (art. 153), a Lei das Sociedades Anônimas firma o elenco dos direitos essenciais dos acionistas, assegurando lhe a intangibilidade, de maneira expressa e taxativa. Esses direitos,

---

[43] LEÃES, Luiz Gastão Paes de Barros. **Comentários à Lei das Sociedades Anônimas**. São Paulo: Saraiva, 1980, p.216.

III. O DIREITO DE RECESSO NO ÂMBITO DAS OPERAÇÕES DE INCORPORAÇÃO

somados a poderes, ônus e obrigações atinentes aos acionistas, compõem o chamado *status socii*, que se define como a posição do sócio dentro da coletividade social e pressuposto comum e constante de tais direitos e deveres.

Seguindo a mesma orientação, José Rubens Costa[44] declara que:

> (...) Se é certo que os direitos individuais do cidadão decorrem do Direito Natural é muito imprecisa e necessita, por conseguinte, de uma regulamentação de Direito Positivo, para que se determine quais são esses direitos naturais inerentes à condição humana. Da mesma forma, portanto, o Direito Positivo cataloga os direitos essenciais de cada acionista dentro da sociedade, como inerentes à sua condição, ao seu status de sócio.

Neste contexto, o direito de recesso, como parte dos direitos fundamentais dos acionistas, é tratado na dicção da lei por direito de retirada, e está previsto de forma ampla no artigo 109 e de forma estrita nos artigos 137, 221, 223 § 4º, 230, 252 § 1º e § 2º, 256 § 2º e 296 § 4º da Lei das Sociedades Anônimas.

Modesto Carvalhosa[45] define tal direito como "*a faculdade legal do acionista de retirar-se da companhia, mediante a reposição do valor patrimonial das ações respectivas*" e acrescenta que "*trata-se de negócio jurídico, em virtude do qual a companhia é obrigada a pagar aos acionistas dissidentes o valor de suas ações. Constitui uma resilição unilateral ou denúncia*". Carvalhosa ainda conclui que "*É, portanto, reminiscência da concepção contratualista da sociedade anônima, que ainda subsiste em diversas esferas de sua estrutura*".

Seguindo basicamente o mesmo conceito, ensina Nelson Eizirik que direito de recesso "*constitui uma faculdade legal do acionista de retirar-se da sociedade, em determinadas circunstâncias, recebendo dela o valor real e atualizado das suas ações. (...). E acrescenta que "*tal direito consiste, pois, no poder jurídico de extinguir, por ato unilateral, nos casos previstos em lei, as relações que vinculam o sócio à companhia, passando à posição de credor da mesma, pelo valor de reembolso das suas ações*". Em conclusão, assevera que "*trata-se o direito de recesso do direito que o acionista tem de, ao discordar de certas deliberações da assembleia

---

[44] Costa, José Rubens. **Direitos Essenciais dos Acionistas**. *In* **Revista Forense**. Rio de Janeiro: Forense, n.2, 1980, p. 270/567.

[45] CARVALHOSA, Modesto. **Comentários à Lei de Sociedades Anônimas**. São Paulo: Saraiva, v. II, 1997, p. 741.

geral, nos casos previstos em lei, retirar-se da sociedade mediante o reembolso do valor de suas ações"[46].

Em termos sucintos, o direito de retirada nada mais é do que uma válvula de escape do pacto social, isso porque o acionista tem a livre disposição de suas ações, podendo a qualquer momento desligarem-se dos quadros sociais, mediante a alienação de suas ações a terceiros ou a outros acionistas da mesma companhia, contudo, nem sempre consegue encontrar um adquirente ou quem pague um preço justo pelas ações. Desse modo, o direito de retirada é capaz de assegurar ao acionista o poder de obrigar a companhia a lhe pagar o valor de reembolso nos casos taxados pela Lei das Sociedades Anônimas.

Já fora dito, com propriedade pela doutrina, que o direito de recesso reflete a tensão constante a que estão sujeitos os interesses individuais dos sócios em detrimento das necessidades contínuas de desenvolvimento da sociedade; não se pode condenar o acionista a permanecer em uma empresa que não atende mais aos seus interesses. A legislação visa proteger esse acionista e permitir que ele se desligue da nova companhia pela qual ele não se sente mais atraído[47].

Trata-se, a rigor, de um dos direitos individuais dos acionistas, os quais podem ser definidos como direitos substanciais à qualidade de sócios, de tal sorte que, sem eles, os sócios não teriam estímulo nem segurança para se agruparem em prol do desenvolvimento de uma atividade mercantil. Em síntese, são garantias que tutelam a esfera dos interesses particulares, consideradas como a causa pela qual o acionista admite assumir esta posição em uma sociedade, isto é, investir uma parcela de seu patrimônio em uma determinada sociedade.

Assim, pode-se dizer que os direitos individuais diferem dos direitos minoritários, uma vez que estes pressupõem uma identidade de vontades e interesses atribuídos a um grupo menor, enquanto aqueles se aplicam ao acionista considerado como parcela única de um todo. Ressalte-se, contudo, que a realidade societária revela que os direitos essenciais ou de outra forma ditos, individuais, constituem prerrogativas dos acionistas

---

[46] EIZIRIK, Nelson. **Reforma das S/A & do Mercado de Capitais.** Rio de Janeiro: Renovar, p. 61, 1998.
[47] FILHO, Alfredo Lamy; PEDREIRA, José Luiz Bulhões. **A Lei das S.A..** Rio de Janeiro: Renovar, v. II, parte III – pareceres, 1996, p. 339.

III. O DIREITO DE RECESSO NO ÂMBITO DAS OPERAÇÕES DE INCORPORAÇÃO

que se encontram em minoria nas assembleias gerais, e acabam por impedir que a vontade da soberana maioria exceda os limites razoáveis e atinja o intolerável.

É certo, contudo, que tal direito tem como histórico no Brasil a sua utilização marcada pelo abuso e pela dissociação das suas verdadeiras funções, a ponto de se falar no surgimento de uma "indústria do recesso". Nesse sentido, pondera a Comissão de Valores Mobiliários[48] que como negociação, o exercício normal do direito de recesso, constitui, independentemente de abuso ou especulação, risco para a estabilidade financeira da empresa, pelo que a lei outorga aos órgãos da administração da sociedade, a convocação de assembleia geral para reconsiderar ou ratificar a deliberação.

Nesta toada, cumpre ressaltar que muitas foram as críticas emanadas em torno deste direito – tal como se achava previsto em sua redação original da Lei das Sociedades Anônimas – de modo que os próprios autores do anteprojeto, Alfredo Lamy Filho e José Luiz Bulhões Pedreira, ao tratarem da evolução da Lei das Sociedades Anônimas, declararam expressamente que o único instituto sujeito a reparos, criteriosamente, era o direito de recesso, face às disfunções ocorridas na década inicial de vigência daquele texto de lei[49].

As críticas neste mesmo sentido também foram elucubradas no discurso de Fábio Konder Comparato, que chegou a se pronunciar no sentido de que o direito de recesso era utilizado como um negócio, uma vez que várias empresas tinham suas ações cotadas em bolsa por valor muito abaixo do valor patrimonial, tornando-se extremamente vantajoso, em tais hipóteses, o exercício do direito de retirada[50].

De forma precisa pondera Newton de Lucca que corrigir os excessos e as distorções havidas com o propósito de por termo aos que se tornaram profissionais da indústria do recesso é ponto inquestionável, contudo, tal objetivo deveria estar voltado a extirpar a especulação antiética de adquirir ações com o propósito exclusivo de dissentir das deliberações

---

[48] BRASIL. Comissão de Valores Mobiliários. Parecer CVM/SJU nº 66, 30 de abril de 1979.

[49] Cf. Jornal Gazeta Mercantil, edição de 28 de novembro de 1986, em entrevista realizada por Cecília Costa, p. 27.

[50] Cf, Jornal Gazeta Mercantil, edição de 13 de março de 1977, em entrevista com o título: O Direito de Recesso como Negócio, p. 22.

da assembleia geral, ensejadoras de tal direito, e receber o reembolso das ações correspondentes[51].

É certo que historicamente, o direito de recesso acompanhou a redução do *quorum* de deliberação requerido para a aprovação, em assembleia geral, de questões que envolvessem mudanças estruturais na sociedade. Desse modo, podemos afirmar que o direito de retirada foi inicialmente aventado como uma moeda de troca, uma vez que, se por um lado a diminuição do *quorum* de deliberação permite que a sociedade possa realizar operações sem a aprovação da totalidade dos acionistas, por outro lado, com o direito de retirada, permite que aqueles que dissentirem das deliberações tomadas em assembleia possam retirar-se da sociedade, mediante o recebimento de reembolso do valor de suas ações.

Aliás, conforme bem observa Comparato[52], a adoção do direito de retirada em todos os sistemas jurídicos que o admitiram mostra uma curva parabólica de ascensão seguida de descenso e no Brasil não foi diferente.

É de se notar que ao longo dos anos, o direito de retirada em certos momentos fora enfraquecido, visando a viabilização das privatizações, mediante a redução de custos com o pagamento de reembolsos das ações dos dissidentes, e em certos momentos, fortalecido, para o fim de aumentar o valor das posições minoritárias então titularizadas pelo Estado, o qual assumiu a condição de minoritário em inúmeras empresas, justamente após a implementação dos procedimentos de privatização.

Assim, verificamos que o direito de recesso possui como função principal permitir que o acionista discordante das deliberações tomadas em assembleia geral, acerca de matérias evocadas taxativamente pela lei, possa retirar-se da sociedade, mediante o recebimento de reembolso do valor de suas ações[53]; o que significa que a utilização do instituto para

---

[51] Lucca, Newton de. **O Direito de Recesso no Direito brasileiro e na Legislação Comparada.** *In* **Revista de Direito Mercantil, Industrial, Econômico e Financeiro.** São Paulo: Malheiros, v. 114, 1999, p. 7-33.

[52] Comparato, Fábio Konder. **O novo direito de retirada do acionista nos casos de fusão e incorporação.** *In* **Revista de Direito Mercantil, Industrial, Econômico e Financeiro.** São Paulo: Malheiros, v. 116, 1999, p. 11-16.

[53] Via de regra, as legislações societárias garantem o direito de retirada para acionistas que possuam direito de voto e excluem o direito de reembolso caso as ações possuam liquidez no mercado. No Brasil, a Lei das Sociedades Anônimas nega o direito de retirada aos acionistas titulares de ações, cuja classe e espécie tenham liquidez e dispersão. Isso porque tais acionistas poderiam retirar-se da sociedade, alienando-as no mercado de bolsa de valores,

qualquer outro fim, pode ser interpretada como um abuso de direito por parte daquele que desse modo fizer uso do expediente.

É preciso ter em mente, no entanto, que o fundamento histórico para o direito de retirada está mais relacionado à questão de justiça na distribuição de poderes políticos na companhia e menos à proteção efetiva do acionista. Nesse particular, é pressuposto do direito de retirada que a deliberação da assembleia geral seja lícita.

Com efeito, o reembolso não deve ser compreendido como uma indenização, mas sim, mecanismo de liquidez que atua como um contrapeso ao poder da maioria de determinar unilateralmente os rumos dos negócios sociais. Nesses termos, ao tratar da *ratio* do recesso, José Alexandre Tavares Guerreiro esclarece que em decorrência da evolução histórica do conceito envolvido na matéria, não estão inseridas nas funções do direito de recesso questões como a restauração do equilíbrio na sociedade ou, muito menos, a correção de injustiças ou a reparação de danos resultantes de práticas ilícitas. "O que está na mira, antes de mais nada, parece ser a garantia de liquidez, ou seja, a possibilidade de permitir ao acionista dissidente ou ausente o reembolso, em moeda, do valor de suas ações"[54].

Nesse sentido, segundo os ensinamentos de Vivante[55], que foi um dos primeiros estudiosos a tratar da inserção do direito de retirada nas legislações, este instituto jurídico opera como um freio contra à facilidade das transformações, como uma tutela do interesse individual dos acionistas contra a maioria e como uma conciliação entre a autonomia da entidade e dos acionistas.

---

sem qualquer risco de desembolso pela sociedade. Nesse sentido, nos termos do artigo 137, inciso II (a) Lei das Sociedades Anônimas, considera-se haver liquidez, quando a espécie ou classe de ação, ou certificado que a represente, integre índice geral representativo de carteira de valores mobiliários admitido à negociação no mercado de valores mobiliários, no Brasil ou no exterior, definido pela Comissão de Valores Mobiliários. O termo "dispersão", por sua vez, é definido no artigo 137, inciso II (b) da Lei das Sociedades Anônimas, o qual estabelece que considera-se haver dispersão quando o acionista controlador, a sociedade controladora ou outras sociedades sob o seu controle detiverem menos da metade da espécie de classe ou ação.

[54] GUERREIRO, José Alexandre Tavares. *Direito de retirada*: um limite ao princípio majoritário na sociedade anônima. *Revista de Direito Mercantil, Industrial, Econômico e Financeiro*, n. 151/152, v. 48, p. 17.

[55] VIVANTE, Cesare. **Trattato di Diritto Commerciale**. Milano: Casa Editrice Dollor Francesco Vallardi, p. 288, 1902.

Viterbo[56], por sua vez, afirmava que este direito foi introduzido na Itália como uma tentativa de resolver o problema de tutelar os direitos individuais dos acionistas contra os abusos da maioria.

Frè[57], um dos maiores doutrinadores contemporâneos, ensinou que o direito de recesso foi concebido na legislação italiana como um meio mais idôneo de conciliar os interesses de uma maioria que almeja mudanças, com aqueles pertinentes aos sócios que dissentirem, atribuindo-lhes a faculdade de desligarem-se do vínculo social.

Dos ensinamentos ora considerados, verifica-se que aqueles disciplinados por Vivante seriam mais abrangentes e completos, uma vez que tratou do direito de retirada através da construção de três vertentes: (i) inicialmente o jurista afirma que tal direito opera como um freio contra a facilidade das transformações, isso porque uma vez aprovada uma deliberação que enseje o exercício da retirada, a sociedade terá que reembolsar o valor das ações dos dissidentes, o que significa dizer que a sociedade terá necessariamente que se descapitalizar, seja mediante a redução de seu caixa ou de suas reservas; (ii) o segundo atributo do direito de retirada por ele considerado consiste justamente da finalidade protetiva aos interesses dos acionistas considerados individualmente. Aqui não se trata da proteção aos interesses sociais, mas sim do acionista que despojou parte de seu patrimônio para investir em uma determinada entidade, com certas características, sem as quais provavelmente não teria interesse em investir; e por fim conclui que (iii) o propósito do direito de retirada foi o de conciliar a autonomia da sociedade com a de seus acionistas, isso porque sem sempre as deliberações tomadas pelos seus órgãos irão beneficiar concomitantemente a sociedade e os acionistas que a compõe.

No que diz respeito especificamente às operações de incorporação, objeto deste estudo, a função do direito de recesso, previsto no inciso II do artigo 137 da Lei das Sociedades Anônimas, não está adstrita apenas àquela mencionada anteriormente, qual seja, a proteção aos minoritários em face de eventuais abusos cometidos pela maioria, isso porque, con-

---

[56] VITERBO, Camilo. **Il Diritto di Recesso verso La sua Fine**. *In* **Rivista Del Diritto Commerciale**, Milano: Ulrico Hoepli Editore-Libraio della Real Casa, vol XXXI, parte 1, 1933.

[57] FRÈ, G. Commentario Del Codice Civile. Società per Azioni. Roma: Zanichelli, 1982, p. 755.

III. O DIREITO DE RECESSO NO ÂMBITO DAS OPERAÇÕES DE INCORPORAÇÃO

forme verificamos neste capítulo, a legislação oferece remédios jurídicos próprios para esta hipótese, que não o exercício do direito de recesso.

Nessa linha, ainda que a situação de abuso exista numa sociedade, os acionistas que se tornem suas vítimas, podem ter o interesse de permanecer nos quadros sociais, não devendo ser o direito de recesso ser compreendido, em hipótese alguma, como uma obrigação de exercício pelo acionista que se sinta prejudicado e principalmente como meio de solução de impasses surgidos em razão de deliberações aprovadas pela maioria, caso sobreviva o interesse em manter sua participação na sociedade.

Nesta toada, também é importante ressaltar que não se admite que o direito em questão seja utilizado como forma de indenizar o acionista em razão de danos sofridos por conta de deliberações tomadas em assembleia, isso porque o direito de recesso foi criado como um contradireito do acionista em relação a um poder reconhecido por lei da assembleia geral e não como um modo de indenização para reparar danos jurídicos dela resultantes. Assim, caso o direito de retirada do acionista tivesse como função indenizá-lo, em razão de danos antijurídicos provocados por deliberações assembleares, o seu exercício estaria inserido na extensa seara do *damnum iniuria datum*[58], e não estaria sujeito a quaisquer restrições impostas pela lei ou no estatuto social.

De modo específico, podemos dizer que as funções do direito de recesso envolvidas particularmente nas operações de incorporação, devem ser analisadas não apenas sob a ótica da sua aplicabilidade no âmbito da sociedade incorporada, mas também quanto à extensão do seu exercício aos acionistas da sociedade incorporadora, e caso se conclua pela inaplicabilidade quanto aos últimos, cumpre discutir quais seriam os remédios disponíveis na legislação suscetíveis à proteção de tais acionistas.

As reflexões relacionadas ao espectro de aplicabilidade do direito de recesso têm como ponto de partida o enfrentamento das discussões travadas em torno da necessidade ou não de que o exercício do direito de recesso, nesta hipótese, esteja condicionado à existência de prejuízos sofridos pelos acionistas dissidentes.

---

[58] Nos dizeres de Fábio Konder Comparato, "Para a correta fixação das perdas e danos, notadamente, seria mister avaliar o montante desse prejuízo em sua dupla modalidade: dano emergente e lucro cessante (Código Civil, art. 1.059)" COMPARATO, Fábio Konder. **O novo direito de retirada do acionista nos casos de fusão e incorporação.** *In* **Revista de Direito Mercantil, Industrial, Econômico e Financeiro.** São Paulo: Malheiros, v. 116, 1999, p. 12.

Nesse sentido, cabe remontar brevemente o histórico do direito de recesso no direito positivo brasileiro.

O direito de os acionistas retirarem-se da sociedade foi introduzido na legislação brasileira pelo Decreto nº 21.536 de 15 de junho de 1932, o qual previa:

> Art. 8º. Sempre que modificação de estatutos vise alterar preferências e vantagens conferidas a uma ou mais classes de ações preferenciais, ou criar nova classe de ações com preferência mais favorável as existentes, ou alterar o seu valor nominal, essa modificação somente poderá realizar-se mediante a aprovação de possuidores de dois terços, pelo menos, do capital constituído pelas classes prejudicadas após a aprovação da proposta por acionistas representando a maioria do capital com direito a voto, conforme disposições deste Código.
>
> (...)
>
> Art. 9º. Aprovada a proposta a que se refere o artigo anterior, os acionistas preferenciais dissidentes, que fizerem parte de qualquer das classes prejudicadas, terão direito ao reembolso do valor das suas ações, se o reclamarem à diretoria dentro de trinta dias contados da publicação da assembleia geral.

Com o advento do Decreto-lei nº 2.627 de 1940, o direito de recesso foi qualificado pela primeira vez como direito intangível, voltado particularmente ao atendimento dos interesses individuais dos acionistas. A diferença fundamental do direito de retirada disciplinado pelo Decreto de 32 e pelo Decreto-lei de 1940 estava na sua abrangência, isto é, enquanto o normativo anterior só concedia tal direito aos acionistas portadores de ações preferenciais, caso a assembleia geral modificasse o estatuto na parte relativa a tal classe de ações, o DL/40 concedeu-o a todos os acionistas presentes na assembleia geral que deliberasse sobre determinadas matérias.

> Art. 78. Nem os estatutos sociais, nem a assembleia geral poderão privar qualquer acionista:
>
> a) do direito de participar dos lucros sociais, observada a regra da igualdade de tratamento para todos os acionistas da mesma classe ou categoria;
>
> b) do direito de participar, nas mesmas condições da letra a, do acervo social, no caso de liquidação da sociedade;

III. O DIREITO DE RECESSO NO ÂMBITO DAS OPERAÇÕES DE INCORPORAÇÃO

c) do direito de fiscalizar, pela forma estabelecida nesta lei, a gestão dos negócios sociais;

d) do direito de preferência para a subscrição de ações, no caso de aumento do capital;

e) **do direito de retirar-se da sociedade, nos casos previstos no art. 107.**

Parágrafo único. Os meios, processos ou ações, que a lei dá ao acionista para assegurar os seus direitos, não podem ser elididos pelos estatutos". (Grifou-se)

(...)

"Art. 107. A aprovação das matérias previstas nas letras a, d, e e g do art. 105 dá ao acionista dissidente o direito de retirar-se da sociedade mediante o reembolso do valor de suas ações, se o reclamar à diretoria dentro de trinta dias, contados da publicação da ata da assembleia geral.

(...)

"Art. 105. As deliberações serão tomadas de conformidade com a regra do art. 94, sendo, entretanto, necessária a aprovação de acionistas que representem metade, no mínimo, do capital, com direito de voto, para deliberação sobre:

a) criação de ações preferenciais ou alterações nas preferências ou vantagens conferidas a uma ou mais classes delas ou criação de nova classe de ações preferenciais mais favorecidas;

b) criação de partes beneficiárias;

c) criação de obrigações ao portador;

d) mudança do objeto essencial da sociedade;

e) **incorporação da sociedade em outra** ou sua fusão;

f) proposta de concordata preventiva ou suspensiva de falência;

g) cessação do estado de liquidação, mediante reposição da sociedade em sua vida normal. (Grifou-se)

No momento histórico seguinte, foi introduzida no ordenamento brasileiro a Lei 6.404/76, com vistas à formação da grande empresa privada, mediante a tutela de estrutura jurídica necessária ao fortalecimento do mercado de capitais. Assim, procurou-se restaurar a confiança dos investidores, através de adequada proteção aos acionistas minoritários (i.e. ampliação significativa do rol de direitos que ensejavam o direito de recesso). Desse modo, o direito de recesso era visto como um dos principais meios de proteção à dita minoria, de modo que se sentisse atraída a investir seu capital nas sociedades anônimas. Vejamos a redação original deste direito dada pela Lei das Sociedades Anônimas:

> Art. 137. A aprovação das matérias previstas nos incisos I, II e IV a VIII do art. 136 desta Lei dá ao acionista dissidente o direito de retirar-se da companhia, mediante reembolso do valor das suas ações (art. 45), se o reclamar à companhia no prazo de 30 (trinta) dias, contados da publicação da Ata da Assembleia-Geral.
>
> (...)
>
> § 1º O acionista dissidente de deliberação da assembleia, inclusive o titular de ações preferenciais sem direito de voto, pode pedir o reembolso das ações de que, comprovadamente, era titular na data da assembleia, ainda que se tenha abstido de votar contra a deliberação ou não tenha comparecido à reunião.

A partir do advento da lei nº 7.958 de 20 de dezembro de 1989, a redação dada ao *caput* do artigo passou a vigorar nos seguintes termos:

> Art. 137. A aprovação das matérias previstas nos incisos I, II, IV, V e VII do art. 136 desta Lei dá ao acionista dissidente o direito de retirar-se da companhia, mediante reembolso do valor das suas ações (art. 45), se o reclamar à companhia no prazo de 30 (trinta) dias, contados da publicação da Ata da Assembleia-Geral.

O referido artigo ainda sofreu modificação substancial pela lei nº 9.457/97, a qual tratou de inserir disposição restritiva ao exercício do direito de recesso na hipótese prevista no inciso I deste excerto legal:

> Art. 137. A aprovação das matérias previstas nos incisos I a VI do art. 136 desta Lei dá ao acionista dissidente o direito de retirar-se da companhia, mediante reembolso do valor das suas ações (art. 45), observadas as seguintes normas:
>
> I – nos casos dos incisos I e II do art. 136, somente terá direito de retirada o titular de ações de **espécie ou classe prejudicadas.** (Grifou-se)

A redação atual do *caput* do artigo 137 foi alterada pela lei nº 10.303 de 2001, sendo mantida a redação do seu inciso I, conforme alterada pela lei nº 9.457/97:

> Art. 137. A aprovação das matérias previstas nos incisos I a VI e IX do art. 136 dá ao acionista dissidente o direito de retirar-se da companhia, mediante reembolso do valor das suas ações (art. 45), observadas as seguintes normas:
>
> I – nos casos dos incisos I e II do art. 136, somente terá direito de retirada o titular de ações de **espécie ou classe prejudicadas.** (Grifou-se)

Nota-se que nem em sua redação original, tampouco em suas reformas, o artigo 137 da Lei das Sociedades Anônimas referia-se à exigência da comprovação de prejuízo como sendo aplicável às operações de incorporação. Nesse sentido, precisamente expõe o parecer expedido pela Comissão de Valores Mobiliários[59]:

> O que se constata, à vista da legislação, é que em nenhum momento o texto legal condiciona o exercício do direito de retirada à existência de efetivo prejuízo, de natureza política ou patrimonial. Não procede, portanto, a presunção – premissa maior do parecer do professor Carvalhosa – de que o recesso só é cabível quando há interesse ou direito atingido. (...) Não obriga a lei que o acionista alegue prejuízo para exercer o direito de recesso, cujo objetivo, como ensina Pontes de Miranda, é proteger 'o acionista contra atos de assembleia geral que a lei considera nocíveis ao acionista. Não se exigem alegação e prova de nocividade.

De qualquer forma, a doutrina que se mostra a favor da prova do prejuízo como condição para o exercício do direito de recesso, parece estender esse requisito a qualquer hipótese utilizada como justificativa para o exercício desse direito, e neste sentido, cumpre observar se os acionistas com participação em sociedades envolvidas em operação de incorporação devem ou não comprovar a superveniência de prejuízos para que estejam aptos ao exercício do recesso.

---

[59] BRASIL. Comissão de Valores Mobiliários. Parecer CVM/SJU nº 119, 13 de agosto de 1999. O parecer cita a posição de Pontes de Miranda na obra: MIRANDA, Pontes de. **Tratado de Direito Privado**. Campinas: Bookseller, tomo I, 1965, p. 234.

OS DIREITOS DE PREFERÊNCIA E RECESSO EM OPERAÇÕES DE INCORPORAÇÃO

Alguns doutrinadores entendiam, mesmo antes da inserção do termo "classes prejudicadas" pela lei nº 9.457/97, que a existência de prejuízo era indispensável para o exercício do direito de recesso. A título de exemplo, nesta linha, Wilson de Souza Campos Batalha afirmava que:

> Não basta ser dissidente. É mister provar legítimo interesse e o prejuízo resultante da deliberação assemblear. Não pode o preceito, norteado pelos propósitos mais elevados de proteger as minorias contra as arbitrariedades da maioria, constituir-se de abusos e locupletamentos[60].

Nelson Eizirik, por sua vez, declara que:

> A reforma dota o princípio de que, nas hipóteses acima, somente cabe o exercício do direito de recesso se o acionista dissidente demonstrar a ocorrência de prejuízos, conforme já manifestado pela jurisprudência dos tribunais. Os prejuízos não se presumem, cabendo ao dissidente a sua comprovação, exceto no caso de redução de dividendo obrigatório[61].

Ressalte-se, contudo, com a devida *venia* à doutrina ora em referência, que o inciso II do artigo 137 da Lei das Sociedades Anônimas, aponta a necessidade de se demonstrar prejuízo para o exercício do direito de recesso apenas nas hipóteses previstas nos incisos I e II do artigo 136, os quais referem-se respectivamente à (i) criação de ações preferenciais ou aumento de classe de ações preferenciais existentes, sem guardar proporção com as demais classes de ações preferenciais, salvo se já previstos ou autorizados pelo estatuto; e à (ii) alteração nas preferências, vantagens e condições de resgate ou amortização de uma ou mais classes de ações preferenciais, ou criação de nova classe mais favorecida. Sendo assim, o simples fato de que as hipóteses apontadas pelo inciso I do artigo 137 da Lei das Sociedades Anônimas não incluem a incorporação, já é suficiente para esclarecer a inaplicabilidade da regra de comprovação de prejuízo de espécies ou classes de ações para fins do exercício da retirada em operações desta natureza. Além disso, a lei prevê expressamente os requisitos que legitimam os acionistas a exercerem seu direito de recesso

---

[60] BATALHA, Wilson de Souza Campos. **Comentários à Lei das Sociedades Anônimas**. Rio de Janeiro: Forense, v. II, p. 645-646, 1977.

[61] EIZIRIK, Nelson. **Reforma das S/A & do Mercado de Capitais**. Rio de Janeiro: Renovar, p. 77-78, 1998.

no caso de incorporação de sociedades e dentre eles não inclui a necessidade de comprovação de qualquer espécie de prejuízo.

Assim, nos termos do inciso II do artigo 137 da Lei de Sociedades Anônimas, a regra é que se possa exercer o direito de recesso em operações de incorporação, excetuadas, contudo, as situações em que as ações tenham liquidez e dispersão no mercado. Desse modo, a inaplicabilidade legal da regra de demonstração de prejuízo para o exercício deste direito, somada ao fato da existência de regra específica para o recesso nas operações de incorporação, implica na assertiva que denota a prescindibilidade da comprovação de prejuízos.

A propósito, afirma Comparato[62] que *"os únicos pressupostos para o exercício desse direito consistem na deliberação pela assembleia, sobre matéria especificada em lei como ensejadora do recesso e a manifestação de vontade do acionista retirante, no prazo legal."*

No mesmo sentido se fazem os comentários de Norma Parente[63], ao mencionar que *"a lei não exige comprovação de prejuízo para o exercício do direito de recesso. A lei criou uma situação objetiva no recesso decorrente da incorporação, fusão ou cisão de sociedades, ocorrendo a hipótese não cabe discussão se houve ou não prejuízo."*

Assim, ainda que sobejasse qualquer dúvida a este respeito, a análise dos efeitos produzidos por operações de incorporação estariam aptas a solucioná-la, visto que não apenas a incorporação, mas também a fusão e a cisão são consideradas medidas que modificam substancialmente o pacto social e por isso a Lei das Sociedades Anônimas tipifica tais hipóteses como propulsoras do exercício do direito de recesso, nos termos do artigo 230 da Lei das Sociedades Anônimas.

Nesse sentido, comenta o douto jurista Miranda Valverde[64] que o estudo do instituto do direito de recesso conduz ao entendimento de que a lei assegura esse direito em relação a:

> "deliberações da assembleia geral que alteram substancialmente, as condições de existência da sociedade ou relações entre esta e seus acionistas.

---

[62] COMPARATO, Fábio Konder. **Direito Empresarial**. São Paulo: Saraiva, p. 226-227, 1990.

[63] PARENTE, Norma. **O Direito de Recesso na Incorporação, Fusão ou Cisão de Sociedades**. *In* **Revista de Direito Mercantil**, Industrial, Econômico e Financeiro. São Paulo: Malheiros, v. 97, p. 67-75, 1995.

[64] VALVERDE, Trajano Miranda. **Sociedade por Ações**. Rio de Janeiro: Forense, v. II, p. 241, 1959.

O direito de recesso foi uma fórmula de solução justa encontrada pelo legislador, pois ao mesmo tempo em que garante a subsistência da pessoa jurídica, dando à maioria mão forte, assegura aos membros dissidentes, à minoria, portanto, o direito de se retirar da sociedade mediante o reembolso do valor de suas ações."

Analisando o tema, Modesto Carvalhosa diferencia decisões que resultam no recesso em duas modalidades: (i) aquelas que atingem todas as espécies e classes de ações, como a *incorporação* e a cisão; e (ii) outras que só dizem respeito a determinada espécie e classe de ações, quando efetivamente só a classe ou espécie de ação prejudicada pode exercer o direito de recesso. (Grifou-se)

Para o jurista, as operações de incorporação inserem-se na hipótese indicada no item (i) acima, nos termos dos comentários a seguir[65]:

"A regra de que o direito cabe a qualquer acionista não deve ser entendida como absoluta. Há o pressuposto de que o interesse do acionista foi atingido..." E assevera que "Assim, se a modificação atinge todas as ações, como é o caso, v.g. de dividendo obrigatório, fusão, **incorporação**, cisão etc, não pode a companhia opor-se a qualquer acionista que pretenda retirar-se." (Grifou-se)

Seguindo a mesma linha, o professor Alfredo Lamy Filho[66] esclarece que as deliberações que ensejam o recesso podem ser classificadas em duas categorias distintas, quais sejam:

"(I) algumas são modificações do estatuto social que alteram profundamente a 'organização da companhia', a saber: (...) (b) **incorporação de uma companhia em outra**, sua fusão ou cisão (...). E complementa ensinando que "a distinção dessas duas categorias baseia-se na natureza da alteração estatutária e nas espécies ou classe de ações que sofrem seus efeitos: I – as deliberações classificadas no item I acima dizem respeito à própria organização da companhia; o interesse do acionista dissidente da deliberação da Assembleia Geral, que a lei protege com o direito de retirada, é o de não serem com-

---

[65] CARVALHOSA, Modesto. **Comentários à Lei de Sociedades Anônimas**. São Paulo: Saraiva, v. IV, tomo I, p. 310, 1978.

[66] FILHO, Alfredo Lamy; PEDREIRA, José Luiz Bulhões. **A Lei das S.A.**. Rio de Janeiro: Renovar, v. II, parte III – pareceres, p. 556, 1992.

III. O DIREITO DE RECESSO NO ÂMBITO DAS OPERAÇÕES DE INCORPORAÇÃO

pelidos a continuar como sócios de companhia substancialmente diferente daquela a que se associaram, ao subscreverem ou adquirirem ações; esse interesse, se protegido, não varia com a espécie ou classe de ações e, portanto, os efeitos da deliberação da Assembleia Geral repercutem por igual, em todos os acionistas, independentemente da espécie ou classe de suas ações". (Grifou-se)

Reconhece-se, portanto, que em virtude do fato de que as operações de incorporação atingem a própria organização da sociedade, modificando o pacto social, acabam por atingir todos os acionistas de forma indistinta. Em tais hipóteses, a lei não exige comprovação de prejuízo, atuando o recesso como uma forma de denúncia vazia do vínculo societário.

Pois bem, superada esta questão e tendo se chegado à conclusão de que em operações de incorporação, a modificação substancial do pacto social, é razão suficiente para que se dispare o nascimento do direito ao exercício do recesso, cumpre analisarmos, na sequência, se tais modificações ensejadoras do direito de recesso inserem-se apenas no âmbito das sociedades incorporadas ou se de alguma forma podem ser utilizadas como argumento pelos acionistas das sociedades incorporadoras para que também possam fazer uso das prerrogativas do instituto.

3.1. O direito de recesso à luz das sociedades incorporadoras x sociedades incorporadas

A análise do alcance dos preceitos estabelecidos para o exercício do direito de recesso – no âmbito da incorporação de sociedades – requer a análise pormenorizada da natureza de operações desta estirpe para que, uma vez conjugada com os propósitos do recesso, possa-se concluir pela exatidão de sua aplicabilidade. Em outros termos, o exame do tema está afeto, sobretudo, às particularidades envolvidas nas sociedades incorporadoras e incorporadas para que se possa verificar em qual delas são encontradas as necessidades que podem ser supridas pelo remédio do recesso.

Como já se viu, a Lei das Sociedades Anônimas define a incorporação como a operação pela qual uma ou mais sociedades são absorvidas por outra, que lhes sucede em todos os direitos e obrigações.

A operação é ajustada a partir da contraposição de pelo menos três elementos básicos: (i) a transmissão patrimonial, (ii) a participação dos acionistas em outra sociedade e (iii) a extinção de pelo menos uma sociedade. E é quanto a este último aspecto que se prende parte da doutrina defensora da atribuição do direito de recesso exclusivamente aos acionistas das sociedades que forem incorporadas.

Esta posição leva em consideração a necessária extinção da sociedade incorporada e a consequente transferência dos acionistas de tal sociedade aos quadros da incorporadora, como fundamento bastante para que a eles seja atribuído o direito de retirarem-se da sociedade. Por outro lado, justificam a não concessão do direito de retirada aos acionistas da sociedade incorporadora, com fundamento na assertiva de que a operação de incorporação implicará necessariamente no aumento do capital da incorporadora, e, portanto, do seu patrimônio líquido, não havendo justificativas para que seus acionistas possam valer-se da prerrogativa da retirada.

Nesse sentido pondera Priscila Prisco[67], em sua dissertação de mestrado, que somente os acionistas dissidentes da deliberação da assembleia geral da incorporada poderão exercer o direito de retirada. O motivo desta diferença de tratamento justifica-se em função da diversidade das consequências que a incorporação trará para a sociedade incorporada. Com efeito, para a sociedade incorporadora, a incorporação significa um aumento de capital. Por outro lado, para a sociedade a ser incorporada, a incorporação acarretará sua extinção. Os acionistas desta sociedade receberão novas ações e passarão a fazer parte de uma outra sociedade. Conclui a autora que a Lei das Sociedades Anônimas acertou não concedendo o direito de retirada aos acionistas da sociedade incorporadora, pois esta sociedade não sofrerá uma modificação de vulto, uma reestruturação tão profunda quanto à sociedade incorporada.

No mesmo sentido se faz o entendimento de Nelson Eizirik ao asseverar que:

> "Em princípio, pois, tanto na incorporação quanto na fusão, o acionista dissidente (da sociedade incorporada, no caso de incorporação, das fusionadas, na fusão) tem o direito de retirar-se da companhia com o reembolso do valor de suas ações[68]."

---

[67] PARAÍSO, Anna Luisa. **O Direito de Retirada na Sociedade Anônima**. Rio de Janeiro: Lúmen Juris, p. 90-91, 2000.

[68] EIZIRIK, Nelson. **Notas sobre o Direito de Recesso na Incorporação, Fusão e Cisão das Companhias**. *In* **Revista de Direito Mercantil, Industrial, Econômico e Financeiro**. São Paulo: Malheiros, v. 113, p. 124-129, 1999.

III. O DIREITO DE RECESSO NO ÂMBITO DAS OPERAÇÕES DE INCORPORAÇÃO

Contudo, com a devida *venia* ao posicionamento em questão, temos que considerar que para a incorporadora, a operação de incorporação pode não envolver qualquer aumento de capital e ainda que envolva, a sociedade incorporadora carrega consigo não apenas ativos e direitos da sociedade incorporada, mas também seus passivos e obrigações. Nesta linha, Bulgarelli[69] defende que tal direito também seja atribuído aos acionistas da sociedade incorporadora, pois *"os valores ativos e passivos recebidos, introduzem, igualmente, no novo patrimônio resultante, diversos nexos de garantia"*.

O mesmo entendimento é adotado por Alfredo de Assis Gonçalves Neto[70], que assim preleciona:

> "No meu entendimento, porém, a regra deve ser interpretada de modo a permitir o recesso amplamente para os dissidentes da incorporadora, inclusive. É que a operação de junção de duas ou mais sociedades, sendo irrelevante a manutenção ou não da personalidade jurídica de uma delas para efeito de determinar seus efeitos em relação aos acionistas de cada qual. A incorporação, sob este prisma, produz os mesmos efeitos da fusão, que assegura o recesso dos acionistas de qualquer das companhias envolvidas. Por isso, conjugada com o princípio da isonomia constitucional, a previsão do art. 136, inciso IV da Lei do Anonimato, há de abranger todo e qualquer sócio das sociedades participantes da incorporação."

Os ensinamentos de Bulgarelli e Alfredo de Assis Gonçalves Neto, conforme acima transcritos, embora minoritários na doutrina, devem ser considerados na avaliação das proteções conferidas por lei aos acionistas de sociedade incorporadora, isso porque podemos indagar qual seria a explicação lógica para que o legislador conferisse tal direito expressamente tanto aos acionistas da sociedade incorporada como aqueles pertencentes à sociedade incorporadora em operações de incorporação de ações.

Modesto Carvalhosa,[71] por sua vez, trata a incorporação de ações como uma espécie de incorporação ficta e a incorporação de sociedades como

---

[69] BULGARELLI, Waldirio. **Comentários à lei de S.A.**. São Paulo: Saraiva, p. 98, 1978.

[70] GONÇALVES NETO, Alfredo de Assis. **Lições de Direito Societário**. São Paulo: Juarez de Oliveira, v. II, p. 299, 2005.

[71] CARVALHOSA, Modesto. **Comentários à Lei de Sociedades Anônimas**. São Paulo: Saraiva, v. IV, tomo II, p. 132, 2003.

uma incorporação efetiva, e assevera que a razão para o tratamento diferenciado entre os dois institutos é sustentada em basicamente dois pilares:

A causa é a desistência compulsória do direito de preferência no aumento de capital respectivo, que será subscrito pela diretoria da incorporada em nome dos seus acionistas. Outro fundamento é o da possível modificação do quadro acionário da incorporadora, após o aumento, resultante do ingresso dos acionistas da incorporada. Essa mudança presumível de equilíbrio nas assembleias gerais e inclusive na composição do controle é também uma razão a mais para o direito de recesso, no caso.

Diversas são as críticas pelo fato de que o direito de retirada não foi conferido aos acionistas da sociedade incorporadora. Nesses termos, veja-se a opinião de Nelson Eizirik:

Na incorporação, somente os acionistas da sociedade incorporada têm direito de recesso. A não inclusão do acionista dissidente da incorporadora como legitimado ao exercício desse direito constitui um 'cochilo' do legislador, uma vez que ele pode ter sua situação patrimonial tão afetada como a do acionista da incorporada, a depender da relação de troca prevista no protocolo. Tal situação pode ser corrigida no estatuto da companhia comprometida com saudáveis práticas de governança corporativa, prevendo o direito de recesso para o acionista que dissinta da deliberação de incorporar a outra sociedade[72].

Sobre a questão, Marcelo Guedes Neves defende que o direito de recesso deveria ser estendido aos dissidentes da sociedade incorporadora, na hipótese de incorporação de sociedades:

(...) o mesmo direito deveria ser concedido aos acionistas incorporadores dissidentes de uma operação de incorporação de sociedades, que também estão sujeitos aos mesmos efeitos depreciativos. Não se entende o porquê de a lei ter adotado soluções distintas para casos idênticos, concedendo direitos de recesso para ambos planos (incorporador e incorporadora) na incorpora-

---

[72] EIZIRIK, Nelson. **A Lei das S/A Comentada**. São Paulo: Quartier Latin, 2011. Vol. II, p. 212.

III. O DIREITO DE RECESSO NO ÂMBITO DAS OPERAÇÕES DE INCORPORAÇÃO

ção de ações e apenas para um deles (incorporado) na incorporação de sociedades. O ideal seria apresentar soluções idênticas para os dois casos (...)[73]".

Luis Eduardo Bulhões Pedreira também critica essa diferença, no entanto, em defesa do posicionamento contrário, ao indicar que o recesso não deveria ser conferido aos acionistas da incorporadora em nenhuma hipótese de incorporação:

> (...) como na incorporação de sociedade a lei não dá direito de retirada aos dissidentes da incorporadora, não devia conferi-lo no caso de incorporação de ações. O dispositivo resulta de erro de revisão durante a discussão do projeto da LSA, que não foi corrigido nem no texto da lei promulgada nem pela legislação posterior[74].

Nesses termos, questionamos: existiriam diferenças tais que justificassem o tratamento diferenciado entre os dois institutos?

Vejamos, na incorporação de ações, do mesmo modo como ocorre na incorporação de sociedades, os acionistas da incorporada perdem a titularidade das ações de sua propriedade, recebendo em contrapartida ações emitidas pela sociedade incorporadora.

Assim, repise-se, nos termos do artigo 227 da lei societária, verifica-se que a incorporação de sociedade consiste de operação mediante a qual uma sociedade é absorvida por outra, que lhe sucede em seus direitos e obrigações. Logo, em razão da incorporação, a sociedade incorporada é extinta e o seu patrimônio é incorporado à sociedade incorporadora, a qual poderá ou não ter o seu capital aumentado, o qual será subscrito mediante a versão do patrimônio da sociedade incorporada. Como consequência, os acionistas da incorporada perdem os direitos que titularizavam no patrimônio da sociedade incorporada e passam a ser acionistas da incorporadora, recebendo em substituição às antigas ações que possuíam no capital da sociedade extinta, novas ações de emissão da incorporadora.

A incorporação de ações, por sua vez, consiste de operação pela qual uma sociedade anônima é convertida em subsidiária integral de outra

---

[73] NUNES, Marcelo Guedes. **O Direito de Recesso nas Incorporações**. In: CASTRO, Rodrigo R. Monteiro de e ARAGÃO, Leandro Santos de (coord.). **Reorganização Societária**. São Paulo: Quartier Latin, 2005, p. 275 e 276.

[74] LAMY FILHO, Alfredo e PEDREIRA, José Luiz Bulhões. **Direito das Companhias**. 1ª ed. Rio de Janeiro: Forense, 2009. Vol. I, p. 356.

companhia brasileira e encontra-se disciplinada no artigo 252 da Lei das Sociedades Anônimas. Assim, verifica-se que o principal objetivo de tal operação consiste da integração de participação societária, mediante a conjunção das ações de emissão da incorporada ao patrimônio da incorporadora, o que significa que na incorporação de ações não há extinção da sociedade cujas ações foram incorporadas, tampouco sucessão em seus direitos e obrigações.

Nota-se, que nada obstante a incorporação de ações consista em negócio jurídico diferente da incorporação de sociedades, a Lei das Sociedades Anônimas estabelece que tais institutos sigam procedimentos semelhantes.

Neste particular, o artigo 252 da Lei das Sociedades Anônimas direciona às operações de incorporação de ações, a aplicação das regras previstas nos artigos 224 e 225, os quais tutelam acerca das informações a serem prestadas aos acionistas nos casos de incorporação de sociedades.

Verifica-se, que o motivo para a semelhança de tratamento entre os institutos está relacionado ao fato de que não apenas os efeitos materiais, mas também os societários das duas operações para os acionistas das sociedades envolvidas são praticamente os mesmos. Em ambos os casos a incorporadora poderá realizar um aumento de capital que será subscrito com a versão do patrimônio da incorporada ou com as ações de sua emissão, passando os acionistas da incorporada a serem acionistas da sociedade incorporadora, recebendo, em substituição das antigas ações que possuíam, ações de emissão da sociedade incorporadora, nos termos da relação de troca estabelecida no protocolo da operação.

Desse modo, não encontramos qualquer razão para que o legislador conferisse direito de recesso aos acionistas da incorporadora em caso de incorporação de ações, e não fizesse o mesmo no caso de operações de incorporação de sociedades. Nesse sentido, Luis Eduardo Bulhões Pedreira[75] afirma que:

> "A LSA assegura direito de retirada aos dissidentes tanto da incorporadora quanto da sociedade cujas ações serão incorporadas. A razão, no segundo caso, é a mesma que na incorporação de sociedade; e como na incorporação

---

[75] PEDREIRA, Luis Eduardo Bulhões. **Direito de Retirada** *in* LAMY FILHO, Alfredo e PEDREIRA, José Luiz Bulhões. **Direito das Companhias**. Rio de Janeiro: Forense, v. II, p. 356, 2009.

III. O DIREITO DE RECESSO NO ÂMBITO DAS OPERAÇÕES DE INCORPORAÇÃO

de sociedade a lei não dá direito de retirada aos dissidentes da incorporadora, não devia conferi-lo no caso de incorporação de ações. O dispositivo resulta de erro de revisão durante a discussão do projeto da LSA, que não foi corrigido nem no texto da lei promulgada nem pela legislação posterior."

Ao analisar questão relativa a fechamento indireto de capital e incorporação de ações, no caso de companhia controlada (Ripasa S.A. Papel e Celulose), por companhia controladora direta (Ripasa Participações S.A.), sua cisão, e a subsequente incorporação de companhias controladas (companhias fechadas resultantes da cisão) pelas controladoras, no processo nº RJ 2005/5203, a Comissão de Valores Mobiliários tratou de comparar alguns efeitos relativos às operações de incorporação de sociedades e incorporação de ações:

"Não há uma única diferença entre as operações de incorporação e de incorporação de ações, do ponto de vista de tal acionista: em ambas as operações ele é expulso da companhia, junto com o controlador; em ambas tem direito de recesso (ou não tem em ambas, se ação for líquida e houver dispersão); em ambas não faz jus a uma oferta pública de fechamento de capital; e em ambas, se a incorporadora for de capital fechado, e não o abrir, tem assegurado o direito de recesso (e neste caso mesmo que as ações da incorporada sejam líquidas e dispersas).

Se alguma diferença há, na incorporação de ações, do ponto de vista dos acionistas da sociedade incorporada, ela consiste em um direito adicional, em relação às incorporações completas, qual seja, o direito de preferência estabelecido no art. 253, seja para adquirir ações da subsidiária integral, se e quando elas forem total ou parcialmente alienadas, seja para subscrever aumento de capital da sociedade, se ela admitir novos acionistas, deixando de ser subsidiária integral.

Por isto tenho dito que é muito injusta a fama da operação de incorporação de ações, de ser um meio especial de fechar o capital indiretamente. Quem o afirma parece não atentar para o fato de que, tanto na incorporação quanto na incorporação de ações, o acionista da sociedade incorporada é obrigado a entregar todas as suas ações, e receber ações da sociedade controladora."

A bem da verdade, nada obstante as reflexões teóricas sobre o assunto, como se sabe, a escolha da incorporação de ações quase sempre se dá por razões tributárias, uma vez que a incorporação de sociedade acarreta na perda do direito de compensação dos prejuízos e créditos tributários existentes na companhia incorporada. A manutenção de vantagens fiscais, bem como a possibilidade de sua apropriação pela operação lucrativa da companhia, já após a reestruturação, constituem os fatores propulsores, no mais das vezes, da utilização do instituto da incorporação de ações, em detrimento da incorporação pura e simples de sociedade.

Feita esta ressalva de ordem prática, cabe ainda mencionar, que nada obstante a escassez da jurisprudência sobre o tema, analisemos o acórdão abaixo:

> "O direito de recesso de acionista não é um direito absoluto que possa ser exercido à outrance e sem que haja um **justo fundamento**, não só legal, mas sobretudo moral e **compatível com as finalidades do direito facultado ao acionista**. Ele existe para proteger os interesses da minoria contra prepotência da maioria e os abusos eventuais que esta possa cometer, comprometendo, com isso, os interesses patrimoniais dos minoritários, ou simplesmente os seus interesses políticos. (...) No caso sob exame, nem uma ou outra das hipóteses ocorreram" (Grifou-se) (4ª Câmara Cível do TJSP em 1.10.81, ap. cível 16.312-1)

No caso em questão houve deliberação que modificava o estatuto social e dispararia, em princípio, o direito de retirada. Tal alteração referia-se à criação de ações preferenciais pela sociedade. Contudo, a sociedade ofereceu aos acionistas titulares de ações ordinárias a opção para a troca de seus títulos por ações preferenciais com direito de voto e vantagens patrimoniais.

Logo, muito embora tenha sobrevindo alteração estatutária que motivaria o exercício do direito de retirada, ele não foi concedido, uma vez que os dissidentes não teriam direitos políticos ou patrimoniais afetados.

Assim, verifica-se que a própria jurisprudência não se prende à literalidade da lei, mas sim às funções a que se presta o instituto, de modo a analisar, em cada caso concreto, se o direito de retirada assume a condição de remédio efetivo à proteção dos dissidentes e mais ainda, se o exercício de tal direito constituiria abuso frente às alternativas oferecidas pela sociedade aos acionistas potencialmente em risco.

III. O DIREITO DE RECESSO NO ÂMBITO DAS OPERAÇÕES DE INCORPORAÇÃO

Aliás, não é bastante lembrar, que do mesmo modo como diversas outras conquistas do direito mercantil, a incorporação de sociedades comerciais resultaram de criações de casos concretos, sendo que apenas após a prática reiterada de tal operação, foi que o legislador veio a conferir-lhe contornos mais definidos[76]. Do mesmo modo também aconteceu com a cisão, que, no Brasil, já era aceita pela prática e pela doutrina antes da Lei das Sociedades Anônimas, a qual, pela primeira vez a recebeu o instituto em nosso direito comercial.

Nesse sentido, na vigência do Decreto nº 434, de 1891, o qual regulava as sociedades anônimas no Brasil, a incorporação era admitida pela doutrina, embora não constasse da lei. As normas vigentes à época, na verdade, apenas cuidavam de operações de fusão e, assim mesmo, fazendo referência à constituição de nova sociedade[77].

Nesses termos, muito embora os acionistas da sociedade incorporadora possam ser afetados em sua posição subjetiva individual, em função da incorporação de sociedades, a ausência de previsão legal que permita aos acionistas da incorporadora exercerem direito de recesso em tal situação, não deixa margens para que se estenda a aplicabilidade do disposto no art. 252 da LSA, o qual confere este direito no âmbito das operações de incorporação de ações.

Ainda, é importante ter em mente que "a similitude da incorporação de ações (art. 252) com a incorporação de sociedades (art. 227) é mais de ordem processual do que de substância como já advertiam Egberto Lacerda Teixeira e Tavares Guerreiro nos albores da atual lei acionária, pois, a rigor, são institutos diversos, com escopos díspares, dado que na incorporação de ações, não se verifica a extinção de sociedades, o que, por outro lado, é da essência da incorporação de sociedades. Por essa razão, Luis Gastão Paes de Barros Leães, conclui que "em consequência, os efeitos previstos pela lei para a incorporação de ações nem sempre podem

---

[76] TERRÉ, François; HEMARD, Jean; MABILAT, Pierre. **Sociétes Commerciales**. Paris: Dalloz, tomo III, p. 583, 1978.

[77] Nestes termos (art. 213): "A fusão de duas ou mais sociedades só se considera como constituição de nova sociedade e, portanto, se realizará em conformidade com os arts. 65 e seguintes deste decreto." (Os arts. 65 e seguintes tratavam da constituição da sociedades anônimas.)

ser estendidos, por analogia, à incorporação societária e vice-versa, ainda que sejam figuras, ao menos sobre o prisma operacional, assemelhadas[78]".

Em vista dessa realidade, o foco deve estar nos mecanismos de proteção engendrados pelo legislador para que em eventual situação de abuso o agente responsável possa ser punido. Não é demais reiterar, ainda, que o recesso não deve, em hipótese alguma, constituir mecanismo de correção de atos ilícitos praticados no âmbito de qualquer negócio jurídico, seja porque o agente que praticou o dano deve ser responsabilizado, seja porque aquele que sofreu o dano pode não ter interesse em deixar os quadros sociais, ao revés, é parte legítima para pleitear a responsabilização do causador do dano, sem que para isso necessite abandonar os quadros sociais e, mais ainda, à custa da companhia e não do agente causador do dano.

3.2. Direito de recesso em incorporação de controlada

Conforme se verificou no presente estudo, a determinação da relação de substituição, com base no patrimônio líquido a preços de mercado, além de servir como critério de comparação com o método escolhido pelo acionista controlador, pode ser utilizada pelos acionistas que não integrem o controle como uma alternativa à avaliação de suas ações para o cálculo do valor do reembolso, caso exerçam o direito de recesso.

Com efeito, de acordo com o artigo 264, §3º da LSA, caso a relação de substituição prevista no protocolo seja menos vantajosa para os acionistas minoritários do que a relação prevista de acordo com o patrimônio líquido a preços de mercado, os acionistas dissidentes, ao exercerem o direito de recesso têm a opção de escolher entre o reembolso do valor das suas ações conforme definido no artigo 45 da LSA, ou o valor de suas ações calculado de acordo com o patrimônio líquido a preços de mercado.

Já se cogitou[79] na hipótese de que o art. 264 da LSA teria criado uma nova categoria de direito de recesso, autônoma em relação às demais regras que tratam da matéria, notadamente em relação ao direito de recesso previsto no art. 137 da LSA. O mesmo teria ocorrido com outras situações que também estabelecem o direito de recesso e que se encontram espalhadas na Lei de Sociedades Anônimas, em dispositivos diferentes do art.

---

[78] LEÃES, Luis Gastão Paes de Barros. O recesso na incorporação reversa. *Revista de Direito Mercantil, Industrial, Econômico e Financeiro*, São Paulo: Malheiros, n. 161-162, p. 243, Jan. 2012.
[79] Processo CVM nº RJ 2011/11770

III. O DIREITO DE RECESSO NO ÂMBITO DAS OPERAÇÕES DE INCORPORAÇÃO

137, a título exemplificativo, art. 221, art. 223, §4º, art. 236, § único, art. 252, §§ 1º e 2º, art. 256, § 2º etc.

Entendemos que os §§3º e 4º do art. 264 efetivamente não criam nova hipótese de recesso, ainda que, pelo menos em tese, pudessem fazê-lo.

Existem decisões jurisprudenciais relevantes no sentido de que o art. 137 não esgota as hipóteses de direito de recesso, podendo-se indicar, de modo exemplificativo, o REsp nº 68.367/MG (Rel. Min. Eduardo Ribeiro, votação unânime, julgado em 12.12.1998 e publicado no Diário Oficial de Justiça da União em 22.3.1999) o qual foi reconhecido como "precedente de relevo" no voto do relator do REsp nº 970.339/BA (Rel. Min. Sidnei Beneti, votação unânime, julgado em 23.4.2009 e publicado no Diário Oficial de Justiça da União em 11.5.2009).

É preciso notar que nas operações embutidas no art. 264 da LSA – incorporação de sociedade e incorporação de ações – o direito de recesso foi previsto em outro lugar (a saber, no art. 137, que remete expressamente ao inciso IV do art. 136). Assim é que o §3º do art. 264 parece existir exclusivamente para estabelecer uma alternativa de reembolso, mas nunca a origem de um direito de recesso propriamente dito.

Ainda, se a hipótese de recesso prevista no *caput* do art. 264, e regulamentada no seu parágrafo 3º, é aquela prevista no art. 137, não parece lógico presumir que, para as operações referidas no §4º, aquela regra seria capaz de criar novo e autônomo direito de recesso[80].

---

[80] Voto do Diretor Relator Otávio Yazbek no Processo CVM nº RJ 2011/11770. O diretor ainda completa seu voto de modo conclusivo: "Esta constatação parece que fica mais clara quando se compara a redação deste dispositivo com a forma pela qual a lei cria, nos demais dispositivos que tratam do tema, o direito de recesso. E este é o segundo ponto, também de ordem formal, para o qual chamo a atenção. Embora muitas vezes seja simplório remeter a questões desta ordem, é importante destacar que todos os outros dispositivos da lei que criam direito de recesso, ainda que para outras hipóteses, o fazem expressamente. De fato, o recesso não é, em nenhum desses outros artigos, regulamentado de maneira indireta, a partir da mera referência ao reembolso – que está já no campo da concretização do direito de recesso. Assim, se o legislador pretendesse criar nova hipótese de retirada nos §§3º e 4º do art. 264, provavelmente teria empregado construções similares àquelas encontradas nos demais dispositivos ou, no mínimo, feito alguma referência mais incisiva ao direito de o acionista dissidente se retirar. Não meramente ao reembolso, que, repita-se, é o que exclusivamente se regulamenta no §3º".

IV. Considerações sobre a proteção de interesses em operações de incorporação

A Lei das Sociedades Anônimas procurou disciplinar as matérias relativas à proteção dos acionistas e das sociedades visando atender, no mais das vezes, de forma equânime, todos os centros de interesses envolvidos, e o fez através da disponibilização de normas que procuram conferir ferramentas justas de proteção preventiva e repressiva no âmbito dos diversos atos e negócios que possam ser praticados sob a égide de seus dispositivos.

De modo geral, podemos dizer que os interesses dos diversos participantes das relações sociais tratadas pela Lei das Sociedades Anônimas estão permeados do que se pode chamar de relações de agência. Sumariamente, podemos definir a relação de agência como aquela em que o bem estar de uma parte – principal – depende de atos praticados por outra parte – agente. Da relação de agência surge potencialmente o problema de agência, que acarreta em custos de agência, isso porque, muito embora o agente deva tomar decisões em benefício dos interesses do principal, muitas vezes ocorrem situações em que os interesses de ambos entram em conflito, acarretando em um comportamento oportunista por parte do agente[81].

---

[81] HANSMANN, Henry; KRAAKMAN, Reinier. **Agency Problems and Legal Strategies.** *In* **Anatomy of Corporate Law.** Nova Iorque: Oxford, p. 21, 2004.

Na visão de Henry Hansmann e Reinier Kraakman[82], respectivamente das escolas de direito de Yale e Harvard, podemos identificar basicamente três relações que geralmente envolvem os referidos problemas de agência, são elas:

(i) entre administradores, na qualidade de agentes e acionistas, na qualidade de principais;

(ii) entre acionistas controladores, como agentes e acionistas minoritários, como principais; e

(iii) entre a sociedade, como agente, e terceiros (trabalhadores, credores e a comunidade), como principais.

Verificamos que o cerne do problema consiste do fato de que os acionistas, administradores, credores e a sociedade possuem interesses e incentivos muito diferentes. Logo, conflitos de interesses podem surgir entre esses diferentes grupos, gerando os chamados custos de agência.

Neste aspecto, tratando da perspectiva financeira da questão, ensina o professor da Stern School of Business da New York University (NYU), Aswath Damodaran[83], que apesar de o objetivo nas finanças corporativas ser a maximização do valor da empresa, na prática, adota-se muitas vezes o objetivo mais restrito de maximizar o preço de ações emitidas por uma determinada empresa. Explica, que como uma medida mensurável e não-ambígua do sucesso da empresa, o preço das ações oferece uma meta clara para os administradores no curso de suas decisões, sendo que a maximização do preço das ações como único objetivo pode ser problemático quando os diferentes participantes da empresa (acionistas, administradores, financiadores e a sociedade) possuem interesses e trabalham com fins divergentes.

---

[82] HANSMANN, Henry; KRAAKMAN, Reinier. **Agency Problems and Legal Strategies.** *In* **Anatomy of Corporate Law**. Nova Iorque: Oxford, p. 22, 2004.

[83] DAMODARAN, Aswath. **Finanças Corporativas**. Porto Alegre: Bookman, p. 56, 2004. O professor ainda complementa, indicando possíveis soluções para os problemas de custo de agência mencionados: "Primeiro podemos reduzir substancialmente os problemas de agência entre os grupos diferentes, tentando alinhar os interesses de acionistas, administradores e financiadores e punindo empresas que mintam para o s mercados ou gerem grandes custos sociais. Segundo, a maximização do preço das ações como um objetivo é autocorretiva. Em outras palavras, excessos cometidos por qualquer um dos grupos (seja os administradores ou acionistas) levam a reações por parte dos outros grupos, que reduzem a probabilidade de que o comportamento seja repetido."

IV. CONSIDERAÇÕES SOBRE A PROTEÇÃO DE INTERESSES EM OPERAÇÕES DE INCORPORAÇÃO

Ressalta o professor que tais diferenças resultam em custos de agência, que podem, por exemplo, levar os administradores a colocar seus interesses acima daqueles dos acionistas que o contrataram, os acionistas a tentar tirar vantagens dos financiadores e as empresas a enganar mercados financeiros.

Neste cenário, verifica-se que uma das funções primordiais da Lei das Sociedades Anônimas consiste no estabelecimento de normas capazes de atenuar os impasses advindos das relações de agência[84].

Assim, uma vez que as operações de incorporação, fusão e cisão são propulsoras de profundas alterações na estrutura das sociedades envolvidas, possibilitando que diversas formas de abusos sejam cometidas e, consequentemente, prejuízos sejam atribuídos às partes mais fracas, à legislação societária cumpre o dever de conferir especial atenção à garantia do equilíbrio entre os diversos interesses envolvidos nessas relações[85].

Logo, no intuito de conferir proteção aos acionistas em relação aos administradores, a lei disciplina certas regras voltadas à aprovação de determinadas matérias exclusivamente em assembleia geral pelos acionistas.

Para proteger os acionistas minoritários, em face dos interesses dos controladores, a lei dispõe de uma série de direitos formais e substanciais.

No intento de promover a justa alocação de poderes, a lei confere a possibilidade de direito de retirada aos acionistas da sociedade incorporada que dissentirem da incorporação de ações ou da incorporação de sociedade, bem como aos acionistas da sociedade incorporadora, em caso de incorporação de ações.

A proteção dos credores fica a cargo das regras de sucessão, tendo em vista que nas operações em questão ocorre a transferência não apenas de bens e direitos, mas também de seus respectivos passivos e obrigações.

---

[84] "Corporate law performs two general functions: first, it establishes the structure of the corporate form as well as ancillary housekeeping rules necessary to support this structure; and second, it attempts to control conflicts of interest among corporate constituencies, including those between corporate 'insiders', such as controlling shareholders and top managers, and 'outsiders' such as minority shareholders or creditors." HANSMANN, Henry; KRAAKMAN, Reinier. **Agency Problems and Legal Strategies**. *In* **Anatomy of Corporate Law**. Nova Iorque: Oxford, p. 21, 2004.

[85] ARAGÃO, Paulo César; LIMA, Monique M. Mavgnier de. **Incorporação de Controlada: A Disciplina no art. 264 da Lei 6.404/76**. *In* **Direito Empresarial – Aspectos Atuais de Direito Empresarial Brasileiro e Comparado**. São Paulo: Método, p. 345, 2005.

Ainda, são aventadas normas relativas à responsabilização de administradores e controladores pela prática de atos considerados abusivos pela lei.

Por fim, não podemos deixar de mencionar regras voltadas à divulgação de informações, de modo a garantir transparência e segurança a acionistas e credores.

4.1. Aprovação de operação de incorporação de sociedades em assembleia geral de acionistas

As matérias enumeradas no artigo 122 da Lei das Sociedades Anônimas são de competência privativa da assembleia geral, a qual não pode delegá-las a outro órgão da sociedade, ainda que tal delegação esteja prevista em estatuto social. Fala-se, portanto, que as atribuições de competência privativa da assembleia geral são indelegáveis e inderrogáveis.

A determinação de matérias privativas retrata o fato de que a assembleia geral constitui o órgão supremo da companhia. E na medida em que a assembleia geral não pode delegar suas atribuições a qualquer outro órgão da sociedade, exceto nas hipóteses previstas em lei[86], não pode ela praticar atos de competência exclusiva dos outros órgãos sociais.

Particularmente quanto às operações de incorporação, o inciso VIII do artigo 122 da Lei das Sociedades Anônimas estabelece:

"Art. 122. Compete privativamente à assembleia-geral:

(...)

VIII – **deliberar sobre transformação, fusão, incorporação e cisão da companhia, sua dissolução e liquidação, eleger e destituir liquidantes e julgar-lhes as contas**; e

(...)" (Grifou-se)

---

[86] Nas palavras do professor Modesto Carvalhosa: "É evidente que esse princípio legal da indelegabilidade não é absoluto, pois se estabelece na própria norma a delegação aos administradores para confessar a falência ou para requerer o favor da concordata, ouvidos os controladores. E, em outra parte, a lei vigente faculta a delegação de competência da assembleia geral para o Conselho de Administração de companhia aberta, no tocante à oportunidade e condições de emissão de debêntures (art. 59, §1º)". CARVALHOSA, Modesto. **Comentários à Lei de Sociedades Anônimas**. São Paulo: Saraiva, v. III, p. 615, 2003.

IV. CONSIDERAÇÕES SOBRE A PROTEÇÃO DE INTERESSES EM OPERAÇÕES DE INCORPORAÇÃO

O inciso IV do artigo 136, por sua vez, trata do quorum qualificado requerido para a aprovação da matéria:

> "Art. 136. É necessária a aprovação de acionistas que representem metade, no mínimo, das ações com direito a voto, se maior quorum não for exigido pelo estatuto da companhia cujas ações não estejam admitidas à negociação em bolsa ou no mercado de balcão, para deliberação sobre:
>
> (...)
>
> IV – fusão da companhia, ou sua incorporação em outra;
>
> (...)" (Grifou-se)

Na atualidade, notamos que a maior parte das legislações societárias requer a aprovação de matérias desta natureza, não apenas por uma maioria simples, mas sim, por algum quorum qualificado.

Nessa linha, na União Européia, as operações de fusão, incorporação e cisão, que envolvam companhia aberta, devem ser aprovadas por 2/3 (dois terços) das ações de cada uma das classes[87] das sociedades envolvidas. Alguns países europeus, tais como Alemanha[88], França[89], Itália[90] e Inglaterra[91] impõem quoruns ainda mais elevados.

---

[87] Nos termos do artigo 7, da Terceira Diretiva (Diretiva 78/855/CEE) e artigo 5 da Sexta Diretiva (Diretiva 82/891/CEE). Ressalte-se, contudo, que quando mais da metade das ações estiver reunida em assembleia geral, tal quorum poderá ser reduzido para maioria simples.

[88] Na Alemanha, é requerido *quorum* de 75% (setenta e cinco por cento) dos acionistas titulares de ações votantes para a aprovação de operações de incorporação e fusão, nos termos do §50 Umwandlungsgesetz e §65 Umwandlungsgesetz.

[89] Na França, exige-se *quorum* de aprovação de 2/3 (dois terços) das ações com direito a voto (em primeira convocação) ou 1/5 (um quinto) das ações com direito a voto (em segunda convocação), conforme o disposto nos artigos 236-2 e 225-96 do Code de Commerce.

[90] Na Itália, em companhias abertas, nos termos do disposto o artigo 2368 do Códice Civile, "l'assemblea straordinaria à regolarmente constituita con la presenza di tanti soci che rappresentano almeno la meta del capitale sociale) e delibera con il voto favorevole di almeno i due terzi del capitale rappresentano in assemblea". Faculta-se, contudo, a imposição de quorum mais elevado pelo estatuto social da sociedade.

[91] Conforme estabelece o Companies Act 2006, nas seções 907 e 922, exige-se a aprovação da maioria dos acionistas de cada classe de ações das sociedades envolvidas em operações de incorporação, fusão e cisão, desde que representem, pelo menos, 75% (setenta e cinco por cento) do capital social destas.

No Brasil, conforme vimos acima, a realização de operações de incorporação fica condicionada à aprovação por quorum qualificado, correspondente a metade, no mínimo, das ações com direito de voto. Neste ponto é importante destacar que o estabelecimento de quoruns elevados de deliberação tem sido mecanismo cada vez menos utilizado como proteção a acionistas, notadamente em países cuja dispersão acionária seja significativa, isso porque em tais situações o índice de comparecimento de acionistas em assembleia geral é tão baixo, que outras medidas mais eficientes são requeridas para a efetiva proteção dos acionistas.

A realidade brasileira, contudo, revela que a legislação e a doutrina concentram seus esforços na tentativa de disciplinar os interesses dos acionistas minoritários, visto que, apesar de algumas sociedades possuírem controle disperso, a grande maioria se mantém nos moldes tradicionais, tendo a propriedade de suas ações concentradas nas mãos de um único acionista, ou até de um grupo reduzido agindo em conjunto.

4.2. Direitos dos minoritários

A Lei das Sociedades Anônimas prevê, como forma de proteção aos acionistas minoritários, certos direitos que podem ser exercidos a partir de um reduzido percentual de ações.

Para fins didáticos, optamos pela enumeração, primeiramente, dos direitos que podem ser exercidos por qualquer acionista, para em seguida passar ao elenco daqueles que requerem ao menos um quorum mínimo.

Desse modo, consoante estabelecido na Lei das Sociedades Anônimas, qualquer acionista da companhia terá direito a:

(i) convocar assembleia geral de acionistas sempre que a administração da companhia atrasar, por mais de 60 (sessenta) dias, a convocação nos casos previstos em lei ou no estatuto social[92];

(ii) convocar assembleia geral de acionistas no caso de vacância de todos os cargos da diretoria, se a companhia não tiver conselho de administração[93];

(iii) solicitar que seja autenticada na assembleia geral da companhia, exemplar ou cópia de proposta, declaração de voto ou dissidência ou protesto apresentado durante a assembleia[94];

---

[92] Artigo 23, parágrafo único, "b" da Lei das Sociedades Anônimas.
[93] Artigo 150, parágrafo 2º da Lei das Sociedades Anônimas.
[94] Artigo 130, parágrafo 1º da Lei das Sociedades Anônimas.

IV. CONSIDERAÇÕES SOBRE A PROTEÇÃO DE INTERESSES EM OPERAÇÕES DE INCORPORAÇÃO

(iv) apresentar em assembleia geral oposição à deliberação de distribuição de dividendo inferior ao obrigatório ou a retenção de todo o lucro líquido[95];

(v) requerer certidões dos assentamentos constantes dos livros de Registro de Ações Nominativas, de Registro de Partes Beneficiárias Nominativas e de Registro de Transferência de Partes Beneficiárias Nominativas da companhia[96];

(vi) participar dos lucros da companhia[97];

(vii) participar do acervo da companhia em caso de liquidação[98];

(viii) fiscalizar a gestão dos negócios sociais[99];

(ix) retirar-se da sociedade[100], nos casos previstos em lei[101];

(x) preferência para a subscrição de ações, partes beneficiárias conversíveis em ações, debêntures conversíveis em ações e bônus de subscrição[102], observado o disposto na lei[103];

(xi) promover ação de responsabilidade civil contra administrador, por prejuízos causados à companhia, caso referida ação não tenha sido proposta no prazo de 03 (três) meses a partir da assembleia geral que deliberar pela promoção da ação[104];

(xii) promover a liquidação da companhia, caso os administradores ou a maioria dos acionistas deixem ou se recusem a fazê-lo[105]; e

(xii) promover ação de responsabilidade civil contra a companhia controladora, pelos prejuízos causados ao patrimônio da companhia[106].

---

[95] Artigo 202, parágrafo 3º da Lei das Sociedades Anônimas.

[96] Artigo 100, parágrafo 1º da Lei das Sociedades Anônimas.

[97] Artigo 109, I da Lei das Sociedades Anônimas.

[98] Artigo 109, II da Lei das Sociedades Anônimas.

[99] Artigo 109, III da Lei das Sociedades Anônimas.

[100] Artigo 109, V da Lei das Sociedades Anônimas.

[101] Artigo 137 da Lei das Sociedades Anônimas.

[102] Artigo 109, IV da Lei das Sociedades Anônimas.

[103] Artigos 171 e 172 da Lei das Sociedades Anônimas.

[104] Artigo 159, parágrafo 3º da Lei das Sociedades Anônimas.

[105] Artigo 209, I da Lei das Sociedades Anônimas.

[106] Artigo 246, parágrafo 1º, "b" da Lei das Sociedades Anônimas.

Nesta abordagem, cabe classificar também, todos aqueles direitos que possam ser exercidos por quaisquer acionistas que sejam titulares de ações sem direito a voto ou com voto restrito:

(i) eleger, em separado, um membro e o respectivo suplente do Conselho Fiscal[107].

A Lei das Sociedades Anônimas prevê ainda, que qualquer acionista ou grupo de acionistas que detenha pelo menos 5% (cinco por cento) do capital social da sociedade terá direito a:

(i)   requerer judicialmente a apresentação dos livros da companhia[108];

(ii) iniciar ação judicial contra os membros da administração que causarem prejuízos à companhia, caso esta não seja proposta pela assembleia geral da companhia[109];

(iii) obter informações do Conselho Fiscal[110];

(iv) iniciar ação judicial visando a dissolução da companhia quando seus objetivos sociais não puderem ser alcançados[111];

(v)   iniciar ação judicial contra a companhia controladora visando indenização por prejuízos causados à companhia controlada em conseqüência de abuso de poder de controle[112];

(vi) nas companhias abertas, requerer a membros da administração informações sobre propriedade e negociação de ações e direitos de subscrição emitidos pela companhia e de informações relativas à remuneração e benefícios recebidos por tais membros[113]; e

(viii) convocar uma assembleia geral de acionistas sempre que a administração da companhia não a convoque dentro de 8 (oito) dias contados do requerimento apresentado por esses acionistas[114].

---

[107] Artigo 161, parágrafo 4º da Lei das Sociedades Anônimas.

[108] Artigo 105 da Lei das Sociedades Anônimas.

[109] Artigo 159, parágrafo 4º da Lei das Sociedades Anônimas.

[110] Artigo 163, parágrafo 6º da Lei das Sociedades Anônimas.

[111] Artigo 206, II, "b" da Lei das Sociedades Anônimas.

[112] Artigo 246, parágrafo 1º, "a" da Lei das Sociedades Anônimas.

[113] Artigo 157, parágrafo 1º da Lei das Sociedades Anônimas.

[114] Artigo 123, parágrafo único, "c" da Lei das Sociedades Anônimas.

IV. CONSIDERAÇÕES SOBRE A PROTEÇÃO DE INTERESSES EM OPERAÇÕES DE INCORPORAÇÃO

Os mesmos 5% (cinco por cento), porém, do capital votante, terão direito a:

(i) convocar assembleia geral de acionistas sempre que a administração da companhia não atender, no prazo de 8 (oito) dias, a pedido de convocação de assembleia para instalação de conselho fiscal[115]; e

(ii) requerer o funcionamento do conselho fiscal da companhia filiada ao grupo[116].

A Lei das Sociedades Anônimas ainda prevê que os acionistas ou grupo de acionistas que detiverem pelo menos 5% (cinco) por cento das ações sem direito a voto terá direito a:

(i) convocar assembleia geral de acionistas sempre que a administração da companhia não atender, no prazo de 8 (oito) dias, a pedido de convocação de assembleia para instalação de conselho fiscal[117]; e

(ii) requerer à assembleia geral a instalação do Conselho Fiscal da companhia[118].

A Lei das Sociedades Anônimas também prevê que qualquer acionista ou grupo de acionistas, que detiver pelo menos 10% (dez por cento) do capital votante da companhia poderá:

(i) requerer à assembleia geral que instale o Conselho Fiscal da companhia[119];

(ii) eleger, em separado, um dos membros do Conselho Fiscal[120]; e

(iii) requerer a adoção do sistema de votação múltipla na eleição dos membros do Conselho de Administração da companhia[121].

---

[115] Artigo 123, parágrafo único, "d" da Lei das Sociedades Anônimas.
[116] Artigo 277 da Lei das Sociedades Anônimas.
[117] Artigo 123, parágrafo único, "d" da Lei das Sociedades Anônimas.
[118] Artigo 161, parágrafo 2º da Lei das Sociedades Anônimas.
[119] Artigo 161, parágrafo 2º da Lei das Sociedades Anônimas.
[120] Artigo 161, parágrafo 4º da Lei das Sociedades Anônimas.
[121] Artigo 141 da Lei das Sociedades Anônimas.

Os mesmos 10% (dez por cento) do capital social, contudo, representado por ações preferenciais sem direito a voto ou com voto restrito, poderá:

(i) nas companhias abertas, eleger e destituir um membro e seu suplente do Conselho de Administração, em separado, na assembleia geral, excluído o acionista controlador[122].

4.3. Regras de avaliação patrimonial

Nada obstante as razões já defendidas nos tópicos anteriores, relativamente à falta de proteção dos acionistas minoritários de sociedade incorporadora, cumpre acrescentarmos, na mesma linha, que a lei societária não estabeleceu para a incorporação de companhia não-controlada, a avaliação do patrimônio da incorporadora.

A avaliação de ambos os patrimônios, a preços de mercado ou conforme critérios estabelecidos pela Comissão de Valores Mobiliários apenas é obrigatória nas operações de incorporação de companhias controladas, nos termos do disposto no *caput* do artigo 264 da Lei das Sociedades Anônimas.

Nesse sentido, a própria GEO – Gerência de Operações Especiais consultou a Gerência de Consultoria e Legislação da Comissão de Valores Mobiliários indagando sobre o fato de não haver exigência de adoção do mesmo critério de avaliação de patrimônios, como existe no artigo 264 da Lei das Sociedades Anônimas, o qual apenas trata de incorporação de companhias controladas.

A GEO entende que as companhias *"podem causar evidente prejuízo a seus acionistas minoritários em virtude de critérios diversos para avaliação de patrimônios"*.

Nesse sentido, os doutos juristas Egberto Lacerda Teixeira e José Alexandre Tavares Guerreiro[123] se posicionam afirmando que:

"De notar-se que a lei não exige a avaliação do patrimônio líquido da incorporadora, para a determinação do valor em ações a ser atribuído aos acionistas da incorporadora. Não se confrontam, assim, os patrimônios de incorporadora e incorporada (avaliação relativa), a não ser no caso de incor-

---

[122] Artigo 141, parágrafo 4º da Lei das Sociedades Anônimas.
[123] GUERREIRO, José Alexandre Tavares. **Das Sociedades Anônimas no Direito Brasileiro.** Bushatsky, v. II, p. 667, 1979.

poração de companhia controlada, previsto no artigo 264, o qual será estudado mais adiante, e que apresenta características peculiares. Evidentemente, nada impede que no protocolo se estipule, em qualquer hipótese, a avaliação dos dois patrimônios, mesmo não se tratando de incorporação de companhia controlada."

A Comissão de Valores Mobiliários afirma que de fato o procedimento estabelecido pela lei não protege os interesses dos minoritários. Por outro lado, reconhece que:

> "existe uma relativa proteção dos acionistas, consubstanciada, em primeiro lugar, na necessidade de ratificação assemblear do laudo de avaliação, e, em segundo lugar, pelo direito de retirada assegurado pelo artigo 230, *embora o mesmo seja apenas para os acionistas da sociedade a ser incorporada*"[124]. (Grifou-se)

Desse modo, a própria Comissão de Valores Mobiliários reconhece a fragilidade da lei no que tange à proteção dos interesses dos acionistas minoritários das sociedades incorporadoras, dado que a lei não prevê a possibilidade do direito de retirada, ainda que tais acionistas se vejam prejudicados pelas regras relativas à avaliação patrimonial.

4.4. Fixação da relação de troca

Segundo prelecionam Lamy Filho e Bulhões[125], o estabelecimento de regras relacionadas à atribuição de contraprestação aos acionistas que terão suas ações extintas em virtude das operações de incorporação, fusão e cisão, constitui pedra angular para a proteção dos acionistas e terceiros, já que dele podem resultar vantagens para os acionistas de apenas uma das sociedades envolvidas na operação.

Assinale-se que, de modo geral, os acionistas podem sofrer prejuízos de ordens diversas em virtude da atribuição injusta da contraprestação em função de operações de incorporação. Tais prejuízos cingem-se não apenas àqueles de natureza patrimonial, mas também aos relacionados a

---

[124] BRASIL. Comissão de Valores Mobiliários. Parecer CVM/SJU nº 16, 24 de abril de 1985.
[125] FILHO, Alfredo Lamy; PEDREIRA, José Luiz Bulhões. **A Relação de Substituição de Ações na Incorporação de Subsidiária** *in* **A Nova Lei das S.A. – Parte III – Pareceres**. Renovar: v. II, rio de Janeiro, p. 573, 1996.

direitos políticos de tais acionistas, incluindo direito de voto e direito de preferência.

Com relação aos prejuízos patrimoniais, verifica-se que os investimentos realizados pelos acionistas da sociedade que será incorporada, poderão ser substancialmente diminuídos ou até mesmo extintos, isso porque em determinadas legislações, determina-se que a contraprestação pela extinção das ações possa ser outra, que não a atribuição de novas ações emitidas pela sociedade incorporadora. A título de exemplo, podemos mencionar a atribuição de ações de outras sociedades, a atribuição de outros valores mobiliários ou até mesmo, pagamento com dinheiro em espécie.

Nesse sentido, exemplifique-se o caso da União Européia, cuja legislação admite que nas operações de incorporação sejam atribuídas aos acionistas da sociedade incorporada, não apenas ações emitidas pela incorporadora, mas também, em certas hipóteses, quantia em dinheiro (em espécie), desde que em valor não superior a 10% (dez por cento) do valor nominal ou contábil das ações atribuídas[126].

Nos Estados Unidos, verificamos uma legislação ainda mais flexível. O ordenamento norte-americano prevê que os acionistas que tiverem suas ações extintas, em função de operações de incorporação, fusão e cisão, poderão receber como contraprestação, ações da sociedade incorporadora, títulos de dívida, ações de emissão de outras sociedades, dinheiro em espécie ou até mesmo, qualquer outro tipo de bem[127].

Não é bastante lembrar, que ao contrário de operações de aumento de capital, com integralização em bens, para as quais a Lei das Sociedades Anônimas estabelece pleno rigor no quesito avaliação patrimonial, nas operações de incorporação, não apenas os critérios de avaliação do patrimônio líquido que será vertido para a sociedade incorporadora, mas também a relação de substituição das ações extintas da incorporada, poderão ser livremente convencionados entre as sociedades envolvidas.

Entretanto, dada a importância de se definirem critérios, em tese, mais justos no que diz respeito à contraprestação das operações desta

---

[126] Nos termos do artigo 3 (1) da Terceira Diretiva (Diretiva 78/855/CEE). O referido dispositivo é seguido pela França, nos termos do artigo L236-1 do Code Commerce.

[127] Conforme disposição do §11.01 (b) (3) do Revison Model Business Corporation Act e § 251 (b) (5) da Delaware General Corporation Law.

IV. CONSIDERAÇÕES SOBRE A PROTEÇÃO DE INTERESSES EM OPERAÇÕES DE INCORPORAÇÃO

natureza, torna-se imprescindível o trabalho de peritos, aos quais ficam acometidas principalmente as funções de analisar, de modo independente, a viabilidade da operação e justificar os critérios de contraprestação adotados para cada situação.

Todavia, ainda que com a presença de peritos, em determinadas hipóteses, podem ser estabelecidas relações de troca que beneficiem mais os acionistas de uma ou outra sociedade ou até mesmo de uma ou outra classe.

4.5. Publicidade

As regras relacionadas à publicação de informações, como meio de promover a transparência e a divulgação dos aspectos envolvidos em operações de incorporação, fazem parte de um conjugado de normas de governança corporativa, as quais dizem respeito a um conjunto de práticas, voltadas à finalidade de otimizar o desempenho de uma sociedade e proteger todas as partes interessadas, tais como, investidores, empregados e credores.

A publicação de informações envolve principalmente transparência, equidade de tratamento aos acionistas e prestação de contas. Sob este ponto, a Lei das Sociedades Anônimas impõe a obrigatoriedade de elaboração de protocolo e justificação, ambos formulados pela administração da sociedade, no intuito de assegurar aos acionistas o conhecimento das condições da operação, e principalmente as consequências que a operação acarretará em seus direitos, incluindo o valor de reembolso de ações, caso seja possível o exercício do direito de retirada.

A publicidade dos termos e condições de tais operações é também regulada rigorosamente pela legislação alienígena. Cite-se como exemplo o caso da União Européia, todos os aspectos envolvidos em operações de incorporação, fusão e cisão sejam tornados públicos, através da promoção de registro dos respectivos atos no órgão competente e da publicação com pelo menos 01 (um) mês de antecedência da data da realização da assembleia geral que deliberar a operação[128]. Acrescente-se que os documentos complementares da operação, tais como documentos contábeis, laudo dos peritos e documentos elaborados pela administração das

---

[128] Conforme disposto nos artigos 6 e 11 da Terceira Diretiva (Diretiva 78/855/CEE) e os artigos 4 e 9 da Sexta Diretiva (Diretiva 82/891/CEE).

sociedades devem permanecer disponíveis na sede das sociedades envolvidas[129].

Muito embora a legislação brasileira tenha conferido ampla liberdade para as negociações e estabelecimento dos termos e condições que regem as operações de incorporação, entre as sociedades envolvidas, exigiu, diligentemente, a ampla divulgação das informações que fazem parte de tais operações. Com relação às companhias abertas, a CVM ampliou o rol de informações sujeitas à divulgação e determinou que tais informações devem ser publicadas com antecedência de 15 (quinze) dias da data da assembleia que irá deliberar sobre o protocolo e a justificação. Tudo isso, nos termos do disposto no artigo 2º da Instrução CVM 319/1999.

4.6. Parecer de Orientação CVM nº 34

Embora não seja mais uma novidade no direito brasileiro o conteúdo do Parecer de Orientação nº 34, divulgado pela Comissão de Valores Mobiliários em 18 de agosto de 2005, devemos destacar que por meio deste parecer a autarquia apresentou a sua interpretação em relação ao parágrafo primeiro do artigo 115 da Lei das Sociedades Anônimas no que diz respeito à hipótese de impedimento prévio de voto em certas deliberações que possam beneficiar de modo particular os acionistas controladores ou proponentes de operações de incorporação e de incorporação de ações.

Verifica-se que a lei estabelece hipóteses nas quais o acionista estaria proibido de votar em assuntos sujeitos à deliberação em assembleia geral, quais sejam: (i) laudo de avaliação de bem a ser contribuído para o capital social, na hipótese em que o acionista seja o subscritor das ações, (ii) aprovação de contas na posição de administrador, (iii) matérias que possam beneficiar de modo particular o acionista e (iv) matérias em que o interesse do acionista seja conflitante com o da companhia.

Nos casos apontados nos itens "i", "ii" e "iii" acima a lei confere tratamento parecido com o direito de voto, tendo sido prescritas situações formais em que o acionista estaria expressamente proibido de exercer o voto.

---

[129] Conforme disposto no artigo 11 da Terceira Diretiva (Diretiva 78/855/CEE) e o artigo 9 da Sexta Diretiva (Diretiva 82/891/CEE).

IV. CONSIDERAÇÕES SOBRE A PROTEÇÃO DE INTERESSES EM OPERAÇÕES DE INCORPORAÇÃO

Com relação ao item "iv", que indica o conflito de interesses como fator impeditivo do direito de voto, temos que ressaltar que muito embora tenha sido tratado em conjunto com as hipóteses objetivas mencionadas nos itens "i", "ii" e "iii", trata-se de situação que, via de regra, apenas pode ser constatada *a posteriori*[130] da realização da Assembleia Geral, sendo os resultados produzidos por tal deliberação sujeitos à anulação e não nulidade automática como ocorre nos demais casos discutidos nesta seção.

O foco do parecer ora em estudo é o exercício do voto que possa beneficiar particularmente determinado acionista e por isso vamos concentrar a análise na hipótese prevista no item "iii" acima.

Fazendo uso de suas atribuições fiscalizatórias, a CVM verificou ao longo dos últimos anos que propostas de incorporação e de incorporação de ações vinham sendo submetidas a assembleias de acionistas de companhias abertas em que, via de regra, com base em laudo de avaliação, é deliberada uma relação de troca que atribui valor diferente às ações que integram a operação.

Desse modo, o Parecer 34 surgiu com o propósito principal de evitar que relações de troca diferenciadas em operações de incorporação e incorporação de ações fossem impostas aos acionistas minoritários sem fundamentação econômica.

Importa ressaltar que o Parecer em questão justifica o impedimento de voto apenas nas situações em que possa haver benefício particular pelo respectivo acionista e não nas situações em que haja conflito de interesses.

Nos termos do Parecer, o qual compreende tanto as operações de incorporação de sociedades quanto de incorporação de ações, haveria impedimento de voto nas situações em que: i) se configure relação de troca que atribua valor diferente – e superior – às ações do titular do controle da companhia e às demais ações da companhia de mesma espécie e classe, ii) haja relação de troca que atribua valor diferente – e superior – às ações do titular do controle da companhia e às demais ações da companhia,

---

[130] Vide: BEZERRA, Andréia Cristina et. Al, Conflito de Interesses. Impedimento de Direito de Voto e Conflito Material. Interpretação do art. 115, §1º da Lei das Sociedades por Ações. **Mercado de Capitais Brasileiro. Doutrina, Cases & Material**. São Paulo: Quartier Latin, 2012, p. 105-158.

ainda que de classe ou espécie diversas, caso a diferenciação não seja fundada em critérios objetivamente verificáveis, iii) nada obstante seja atribuído o mesmo número de ações da controlada a todos os acionistas da companhia (independentemente da espécie ou classe de ações por ele titularizadas), o número de ações emitidas pela controladora, antes da efetivação da operação, seja proporcionalmente superior ao número de ações da companhia de que é titular a controladora, resultando sobrevalorização injustificada do patrimônio da controladora e iv) exista relação de troca que atribua valor diferente – e superior – às ações de qualquer acionista não controlador, caso a diferenciação não seja fundada em critérios objetivamente verificáveis.

O argumento mais frequente utilizado para justificar essa diferenciação na relação de troca tem como base o art. 254-A da LSA, segundo o qual havendo alienação, direta ou indireta do controle de companhia aberta, a operação somente poderá ser contratada sob a condição, suspensiva ou resolutiva, de que o adquirente se obrigue a fazer oferta pública de aquisição das ações com direito a voto de propriedade dos demais acionistas da companhia, de modo a lhes assegurar o preço no mínimo igual a 80% (oitenta por cento) do valor pago por ação com direito a voto, integrante do bloco de controle. Com efeito, invoca-se a extensão do conceito de sobrevalor das ações de controle, destinado tão somente para operações de alienação de controle de companhias abertas, para as hipóteses de incorporação de ações e incorporação de sociedades.

Entendemos pela absoluta impossibilidade de aplicação do referido artigo nas operações de incorporação, tendo em vista não apenas o fato de que a lei não indica, de nenhum modo a possibilidade da extensão de seus efeitos a outras operações que não sejam a alienação de controle de companhias abertas, seja pelo fato de que na alienação de controle, os acionistas que não façam parte do controle da companhia podem decidir entre se manter na companhia cujo controle está sendo vendido ou de deixar os quadros sociais, mediante aceitação do preço da oferta realizada pelo adquirente do controle. Nas operações de incorporação, ao revés, necessariamente os acionistas da sociedade incorporada ou da sociedade convertida em subsidiária integral deverão se tornar acionistas de uma nova sociedade, caso não optem por exercer o direito de recesso que lhes compete.

Ainda, a concepção do preço das ações em operação de transferência de controle e de incorporação possuem substratos diversos. Nesses termos, ao passo que o prêmio oferecido pelas ações de controle nas operações de venda de controle, ao menos em tese, diz respeito à efetiva possibilidade de determinar as deliberações em assembleia e quem serão os membros a ocupar os cargos de administração da companhia, na incorporação, as ações são precificadas pura e simplesmente como fração representativa do capital da companhia.

Importa ainda ressaltar a amplitude conferida pelo Parecer CVM 34 no que diz respeito às hipóteses de incorporação por ele abrangidas. Com efeito, ao compreender em seus preceitos a hipótese em que a relação de troca atribua valor diferente – e superior – às ações de qualquer acionista não controlador, caso a diferenciação não seja fundada em critérios objetivamente verificáveis, faz com que suas regras também sejam aplicáveis a operações que não envolvam controladas e controladoras.

É preciso ter em mente, no entanto, que o Parecer aqui tratado não deve ser visto como a solução dos problemas nas operações por ele compreendidas. Isso porque o normativo em questão merece diversas críticas quanto ao endereçamento de diversas questões por ele tratadas. A começar pelo fato de que dispôs matéria já prevista na Lei de Sociedades Anônimas, conferindo tratamento oposto ao previsto na lei no que diz respeito à possibilidade de voto pelo acionista controlador em caso de incorporação de companhia controlada ou controladora. Assim, ao passo que a CVM procurou conferir regra no sentido de impedir o controlador de exercer seu direito de voto nessas operações, o art. 264, em via contrária e acertada, não impede que ele o exerça nessa mesma hipótese.

4.7. Parecer de Orientação CVM nº 35

Em 1º de setembro de 2008 a Comissão de Valores Mobiliários publicou o Parecer de Orientação nº 35[131], pelo qual procurou disseminar e reafirmar

---

[131] Segundo a Comissão de Valores Mobiliários, este parecer "procura dar concretude a esses deveres. Por meio dele, a CVM pretende recomendar aos administradores de companhias abertas que observem determinados procedimentos durante a negociação de operações de fusão, incorporação e incorporação de ações envolvendo sociedade controladora e suas controladas ou sociedades sob controle comum. Na visão da CVM, esses procedimentos tendem a propiciar o cumprimento das disposições da legislação societária a respeito da matéria."

os deveres de diligência, lealdade e comutatividade dos administradores, nas operações de incorporação, incorporação de ações e fusão que envolvam sociedade controladora e suas controladas, ou sociedades sob controle comum. Isso porque, nos termos da própria exposição de motivos da Lei das Sociedades Anônimas, em tais operações, não existem "*duas maiorias acionárias distintas, que deliberem separadamente sobre a operação, defendendo os interesses de cada companhia*", o que gera, consequentemente, o risco potencial de que a relação de troca de ações nas respectivas operações não seja comutativa.

A autarquia afirma que o regime especial previsto no artigo 264 da Lei das Sociedades Anônimas não afasta a aplicação dos artigos 153, 154, 155 e 245, conforme precedentes.

O artigo 154 estabelece que "*o administrador deve exercer as atribuições que a lei e o estatuto lhe conferem para lograr os fins e no interesse da companhia, satisfeitas as exigências do bem público e da função social da empresa*" "*não podendo ainda que para defesa do interesse dos que o elegeram, faltar a esses deveres*". Nesse sentido, comenta Modesto Carvalhosa[132]:

> "Os administradores não são mandatários dos grupos que os elegeram, mas órgãos da companhia. Devem agir no interesse dela, e não no do grupo de acionistas que o elegeu. Agem com desvio de poder os administradores que, embora cumprindo as formalidades legais e estatutárias, afastam-se do cumprimento de seus deveres."

O artigo 155, por sua vez, impõe o dever de lealdade do administrador para com a companhia, em detrimento de terceiros. Desse modo, cabe aos administradores das sociedades controladas negociar operações de incorporação, incorporação de ações e fusão no interesse de todos os seus acionistas e não apenas daquele que detém o controle. Assim, expressa Lazzareschi[133] que "*além de servir com lealdade à companhia, o administrador deve atuar no interesse da coletividade dos acionistas.*"

O artigo 153[134] prevê que "*o administrador da companhia deve empregar, no exercício de suas funções, o cuidado e diligência que todo homem ativo e probo*

---

[132] CARVALHOSA, Modesto. **Comentários à Lei de Sociedades Anônimas**. São Paulo: Saraiva, v. III, p. 278, 2003.

[133] LAZZARESCHI NETO, Alfredo Sérgio. **Lei das Sociedades por Ações Anotada**. São Paulo: Saraiva, p. 419, 2008.

[134] "Os administradores de uma companhia aberta devem satisfazer, *in totum*, o standard jurídico cristalizado na redação do art. 153 da Lei 6404/76. Este dispositivo estabelece

IV. CONSIDERAÇÕES SOBRE A PROTEÇÃO DE INTERESSES EM OPERAÇÕES DE INCORPORAÇÃO

costuma empregar na administração dos seus próprios negócios.". Como se vê, o artigo carrega consigo termos amplos e genéricos, os quais deverão ser analisados, caso a caso, para que se verifique a incidência dos preceitos do artigo. Assim, em comentários ao dispositivo, Carvalho de Mendonça, citado por Lazzareschi Neto[135], ensina que:

> "A lei estabelece um padrão amplo de comportamento, capaz, assim, de abranger as mais diversas situações, cabendo ao julgador analisar as circunstâncias e peculiaridades de cada caso para verificar se a conduta do administrador se enquadra no padrão legal.: 'não há lei que defina essa diligência do negociante ativo e probo. Ao juiz cumpre apreciá-la com a sua experiência e com equidade, fundando a decisão nos fatos e elementos da causa."

Por fim, nos termos do artigo 245, que dispõe que *"os administradores não podem, em prejuízo da companhia, favorecer sociedade coligada, controladora ou controlada, cumprindo-lhes zelar para que as operações entre as sociedades, se houver, observem condições estritamente comutativas(...)",* temos que na negociação de operações de fusão, incorporação e incorporação de ações, os administradores devem se pautar pelos deveres de diligência e lealdade à companhia, principalmente no que tange à comutatividade nas relações de troca e demais condições do negócio.

Neste cenário, a CVM entende que para o fim de cumprir com os deveres e alcançar os resultados desejados pela Lei das Sociedades Anônimas, os administradores de companhias abertas devem seguir procedimentos para que tanto as relações de troca, quando as demais condições das operações sejam negociados de modo independente. Para tanto, propõe

---

padrão de comportamento que os administradores devem atender quando da gestão de negócio que envolva capital de terceiros.". BRASIL. Comissão de Valores Mobiliários. Parecer CVM/SJU nº 103, 24 de abril de 1983.

[135] LAZZARESCHI NETO, Alfredo Sérgio. Lei das Sociedades por Ações Anotada. São Paulo: Saraiva, p. 408, 2008 apud MENDONÇA, José Xavier Carvalho de. Tratado de Direito Comercial. Campinas: v. IV, n. 1219, Russel, p. 420, 2005. O autor ainda acrescenta que: "Para caracterizar a infração ao dever de diligência, o julgador deverá levar em conta ainda: (i) a dimensão da companhia, (ii) seu objeto social, (iii) as funções genéricas e específicas de cada administrador, (iv) as circunstâncias em que o ato foi praticado, (v) os montantes envolvidos, (vi) a liquidez dos ativos da companhia; bem como quaisquer outros dados ou informações capazes de influenciar concretamente as decisões dos administradores.

a adoção de certos procedimentos, os quais podem ser exemplificados, conforme relacionados abaixo:

(i) negociações efetivas entre as partes da operação, no que respeita à relação de troca e demais condições da operação;

(ii) consideração sobre a necessidade ou conveniência de contratar assessores jurídicos e financeiros, os quais deverão ser independentes em relação ao controlador e remunerados adequadamente pela companhia;

(iii) publicação de fato relevante divulgando ao mercado o início das negociações, se for o caso; e

(iv) rejeição da operação pela administração caso a relação de troca e os demais termos propostos sejam insatisfatórios.

Adicionalmente, com base na experiência internacional sobre a interpretação dos deveres fiduciários dos administradores, recomenda a autarquia a criação de um comitê[136] especial independente para o fim de negociar a operação e submeter as suas recomendações ao conselho de administração da sociedade e complementa sugerindo que a operação seja condicionada à aprovação da maioria dos acionistas não-controladores, inclusive aqueles titulares de ações sem direito a voto ou com voto restrito.

Em síntese, verificamos que a elaboração do documento foi motivada nos fatores sumariamente abaixo descritos, sendo certo que o procedimento indicado, conforme acima exemplificado, não é exclusivo nem exaustivo, podendo outros modos de cumprimento dos deveres legais serem admitidos pela autarquia. Assim, podemos concluir que os principais fatores que propiciaram a colocação em audiência pública e a pos-

---

[136] Na formação do comitê especial independente acima referido, a CVM recomenda a adoção de uma das seguintes alternativas:

i) comitê composto exclusivamente por administradores da companhia, em sua maioria independentes;

ii) comitê composto por não-administradores da companhia, todos independentes e com notória capacidade técnica, desde que o comitê esteja previsto no estatuto, para os fins do art. 160 da Lei nº 6.404, de 1976; ou

iii) comitê composto por: (a) um administrador escolhido pela maioria do conselho de administração; (b) um conselheiro eleito pelos acionistas não-controladores; e (c) um terceiro, administrador ou não, escolhido em conjunto pelos outros dois membros.

IV. CONSIDERAÇÕES SOBRE A PROTEÇÃO DE INTERESSES EM OPERAÇÕES DE INCORPORAÇÃO

terior aprovação do Parecer de Orientação nº 35, consistem basicamente dos substanciais prejuízos que possam ser causados aos acionistas minoritários; da imposição da operação aos minoritários; da insuficiência do direito de retirada como tutela dos interesses dos minoritários em face do abuso de poder; da incapacidade de repressão de abusos pelo mercado; e das dificuldades da Comissão de Valores Mobiliários e do poder Judiciário na avaliação do balanceamento das relações de substituição livremente negociadas entre as partes envolvidas.

Assim como se disse no âmbito do Parecer CVM 34, o Parecer CVM 35 está longe de constituir a verdadeira proteção dos acionistas nas operações de incorporação. embora haja a recomendação de comitê especial independente, sua implementação pode implicar em elevados custos à companhia, sem a garantia de que a proteção esperada pelo investidor seja alcançada, isso porque o entendimento do comitê é submetido à deliberação do Conselho de Administração, o qual não está obrigado a observá-lo.

4.8. Responsabilidade

Ainda, como forma de proteção aos acionistas em operações de incorporação, não podemos deixar de mencionar as regras relacionadas à responsabilização dos administradores, caso sejam praticados atos abusivos cometidos no desempenho de suas funções, notadamente, no que respeitam às condições negociadas em tais operações.

A sociedade anônima é uma pessoa jurídica de direito privado, de natureza mercantil, em que todo o capital se divide em ações, que limitam a responsabilidade dos acionistas ao montante das ações por eles subscritas ou adquiridas, as quais facilitam, por sua circulação, a substituição de todos os acionistas. Essa é a definição dada por Trajano de Miranda Valverde[137].

Por definição, verifica-se que uma das principais características das sociedades anônimas consiste da limitação da responsabilidade de seus acionistas ao montante do valor de suas ações.

---

[137] VALVERDE, Trajano Miranda. **Sociedade por Ações**. Rio de Janeiro: Forense, v. I, p. 75, 1953.

Contudo, analisando-se a Lei das Sociedades Anônimas, verificamos que:

"Art. 158. O administrador não é pessoalmente responsável pelas obrigações que contrair em nome da sociedade e em virtude de ato regular de gestão; responde, porém, civilmente, pelos prejuízos que causar, quando proceder:

I – dentro de suas atribuições ou poderes, com culpa ou dolo;

II – com violação da lei ou do estatuto."

Desse modo, como regra, o responsável perante terceiros com quem contrata é a própria pessoa jurídica. O seu patrimônio deverá ser executado no inadimplemento de suas obrigações, e não o de seus acionistas. Entretanto, há casos em que a lei excepciona esta regra, autorizando que, por ato de vontade dos próprios terceiros ou por imposição legal, os administradores da sociedade respondam com seu patrimônio pessoal por obrigação que seria exclusivamente da sociedade.

A responsabilização de sócios ou administradores por obrigações contraídas em nome da sociedade poderá se dar de modos diversos, a saber: (i) poderá decorrer do tipo societário pelo qual fez a opção. Os sócios poderão optar por um tipo societário em que todos respondem de maneira subsidiária, contudo, solidária e ilimitada pelas obrigações da entidade ou até por um tipo em que nem todos os acionistas respondam pelas obrigações da pessoa jurídica, mas apenas um acionista ou um grupo deles; (ii) poderá ser decorrente de ação de responsabilização por danos causados no desempenho de suas funções, seja por ação ou omissão; e (iii) em razão de desconsideração da personalidade jurídica da sociedade.

Para o fim aqui proposto, nos interessa a análise da hipótese indicada no item (ii) do parágrafo acima, dado que é nesta hipótese que podemos enquadrar eventuais abusos praticados nas operações de incorporação ora estudadas.

Por definição, a sociedade anônima é constituída pelos seguintes órgãos: Conselho de Administração, Diretoria, Assembleia Geral e Conselho Fiscal. O Conselho de Administração é de existência opcional, exceto para companhias abertas ou com capital autorizado, cuja existência é obrigatória, nos termos do disposto no parágrafo 2º do artigo 138 da Lei das Sociedades Anônimas. Os administradores, segundo a concepção moderna do direito societário não são mandatários ou locatários de serviços de sociedades, mas sim órgãos societários que incitam a sociedade para a consecução do seu objetivo.

Conforme explica Modesto Carvalhosa[138], por integrarem os diretores um órgão de administração não coletivo (a diretoria), o exercício dos deveres de seus integrantes é individual. Cada diretor, no limite de suas funções, manifesta unilateralmente a vontade da companhia, embora não seja, individualmente, órgão da sociedade, mas titular do órgão. Dessa forma, pelo uso inadequado dos direitos legais e estatutários e pela não observância da lei e do estatuto, no exercício de tais funções, responde individualmente cada diretor.

Continua explicando que diferentemente dos diretores, o exercício dos encargos legais e estatutários dos conselheiros ocorre pela maioria dos seus integrantes. Para que seja eficaz, a vontade deve ser necessariamente coletiva. Assim, os conselheiros, ao participarem coletivamente da formação de vontade do Conselho de Administração, têm responsabilidade colegiada.

Ensina ainda que salvo conluio ou negligência, nenhum diretor torna-se responsável por ato de terceiro (i.e., outro diretor). Já com relação ao Conselho de Administração, a responsabilidade será sempre de todos os membros, salvo se os discordantes fizerem consignar sua divergência em ata de reunião do órgão ou proceder nos termos do parágrafo 1º do artigo 158 da Lei das Sociedades Anônimas.

Pondera ainda que diante das funções do Conselho de Administração e do caráter colegiado da responsabilidade de seus membros, aos quais faltam poderes de representação e de gestão individual da companhia, não pode ser imputada aos conselheiros a responsabilidade por atos ou omissões dos diretores, quando tais atos ou omissões sejam sonegados pelos diretores ao conhecimento e deliberação do Conselho de Administração.

Os deveres, as competências e as responsabilidades[139] dos membros de Conselho de Administração das empresas estão estabelecidos não

---

[138] CARVALHOSA, Modesto. **Responsabilidade Civil dos Administradores das Companhias Abertas.** *In* **Revista de Direito Mercantil, Industrial, Econômico e Financeiro.** São Paulo: Malheiros, v. 49, p. 14-20, 1983.

[139] As competências do Conselho de Administração, de acordo com o artigo 142 da Lei das Sociedades Anônimas, são as seguintes: (i) fixar a orientação geral dos negócios da companhia; (ii) eleger e destituir os diretores da companhia e fixar-lhes as atribuições, observado o

apenas na Lei das Sociedades Anônimas, mas também no estatuto social que rege a companhia. O mesmo ocorre com os diretores, muito embora as competências específicas do cargo devam ser necessariamente discriminadas no estatuto social da companhia, nos termos do disposto no artigo 143 da Lei das Sociedades Anônimas.

Dadas tais competências, deveres e responsabilidades, os administradores, nos termos do *caput* do artigo 158 da Lei das Sociedades Anônimas, não são pessoalmente responsáveis pelas obrigações que contraírem em nome da companhia e em virtude de ato regular de gestão. No entanto, respondem civilmente[140] pelos prejuízos que causarem quando procederem com dolo ou culpa ou violando a lei ou o estatuto social da companhia.

Ainda, nos termos do parágrafo 2º do mesmo artigo 158, os administradores são solidariamente responsáveis pelos prejuízos causados em virtude do não cumprimento dos deveres impostos por lei para assegurar o funcionamento normal da companhia, ainda que, pelo estatuto, tais deveres não caibam a todos eles. Os atos necessários ao funcionamento normal da sociedade correspondem às obrigações de fazer, impostas pela lei aos administradores, no âmbito da administração ordi-

---

que a respeito dispuser o estatuto; (iii) fiscalizar a gestão dos diretores, examinar, a qualquer tempo, os livros e papeis da companhia, solicitar informações sobre contratos celebrados ou em via de celebração, e quaisquer outros atos; (iv) convocar a assembleia geral quando julgar conveniente, ou no caso do art.132; (v) manifestar-se sobre o relatório da administração e as contas da diretoria; (vi) manifestar-se previamente sobre atos ou contratos, quando o estatuto assim o exigir; (vii) deliberar, quando autorizado pelo estatuto, sobre a emissão de ações ou de bônus de subscrição; (viii) autorizar, se o estatuto não dispuser em contrário, a alienação de bens do ativo permanente, a constituição de ônus reais e a prestação de garantias a obrigações de terceiros; (ix) escolher e destituir os auditores independentes, se houver.

[140] Além da responsabilidade civil, os administradores estão sujeitos à responsabilidade criminal prevista no artigo 177 do Código Penal Brasileiro, bem como àquelas previstas na Lei nº 11.101/05 (Lei de falências e recuperação de empresas), na Lei nº 4.729/65 (define o crime de sonegação fiscal e dá outras providências), na Lei nº 8.137/90 (define crimes contra a ordem tributária, econômica e contra as relações de consumo, e dá outras providências), na Lei nº 6.385/76 (dispõe sobre o mercado de valores mobiliários e cria a Comissão de Valores Mobiliários), na Lei nº 8.866/94 (dispõe sobre o depositário infiel de valor pertencente à Fazenda Pública e dá outras providências), na Lei 8.884/94 (transforma o conselho administrativo de defesa econômica – CADE em autarquia, dispõe sobre a prevenção e a repressão as infrações contra a ordem econômica e da outras providencias), entre outras.

IV. CONSIDERAÇÕES SOBRE A PROTEÇÃO DE INTERESSES EM OPERAÇÕES DE INCORPORAÇÃO

nária.[141] Tais deveres compreendem tanto a competência do Conselho de Administração como a da Diretoria.

Isso significa dizer que compete ao administrador atuar com diligência dentro de suas competências e funções, mas também fiscalizar os demais administradores, pronunciando-se e agindo nos casos em que identificar atos, fatos ou omissões que possam configurar atos de responsabilidade.

Sendo assim, caso não sejam tomadas as providências previstas em lei para a exclusão da responsabilidade, diretores e conselheiros poderão ser responsabilizados solidariamente pelos prejuízos causados em virtude do não cumprimento dos deveres impostos por lei para assegurar o funcionamento normal da companhia, sem prejuízo da possibilidade de ingresso de ações regressivas, conforme o caso. Particularmente com relação a membros do conselho de administração (órgão que tem competência legal para fiscalizar a gestão dos diretores), para evitar a responsabilidade, é imprescindível que seus membros atuem ativamente (expressamente discordando, informando a assembleia geral e atuando individualmente caso o órgão colegiado seja omisso ou passivo), de modo a tomar as devidas providências para que os administradores assegurem o funcionamento normal da companhia.

Especificamente com relação ao cenário de uma intervenção ou liquidação de instituição financeira, conforme o artigo 36 da Lei das Sociedades Anônimas, os administradores das instituições financeiras nessa situação ficarão com todos os seus bens indisponíveis, não podendo, por qualquer forma, direta ou indireta, aliená-los ou onerá-los, até apuração e liquidação final de suas responsabilidades.

---

[141] Segundo Carvalhosa, no que respeita a diretoria, será ordinária a administração que abrange os negócios jurídicos que podem ser celebrados pelos diretores independentemente de qualquer deliberação do Conselho de Administração ou da assembleia geral. Quanto ao Conselho de Administração, serão ordinárias as deliberações que podem ser tomadas pelo órgão independentemente da aprovação pela assembleia geral. Por outro lado, a administração extraordinária verifica-se quando os negócios jurídicos, para serem celebrados pelos diretores, dependam, para sua eficácia, da aprovação do Conselho de Administração ou da assembleia geral. E quanto ao Conselho de Administração, quando suas deliberações dependam da aprovação da assembleia geral. CARVALHOSA, **Modesto. Responsabilidade Civil dos Administradores das Companhias Abertas.** *In* **Revista de Direito Mercantil**, Industrial, Econômico e Financeiro. São Paulo: Malheiros, v. 49, p. 14-20, 1983.

Do ponto de vista previdenciário e trabalhista, é comum que administradores e sócios figurem no polo passivo de ações em face da sociedade. Nesse sentido, é cada vez mais recorrente a constrição de numerário disponível em contas correntes (penhora *online*) em nome de administradores, para satisfazer execuções nessas esferas. No que diz respeito à justiça do trabalho, é frequente que ex-administradores de sociedades executadas tenham conhecimento da ação somente após a verificação da penhora no extrato de conta corrente. Cabe ao administrador provar que não era ou é responsável pelos débitos objeto de execução para ter seu patrimônio "liberado".

V. Conclusão

O levantamento do material relacionado nas referências bibliográficas deste trabalho revela que muitos são os estudos publicados pela doutrina e desenvolvidas em trabalhos acadêmicos acerca dos conceitos e das etapas de cada uma das operações de incorporação de sociedades, incorporação de ações e aumento do capital social das empresas, contudo, poucos são aqueles que se debruçam sobre a problemática relativa às diferentes formas de tratamento conferidas pelo legislador no que diz respeito ao direito de preferência e de recesso em cada um desses institutos.

Neste aspecto é importante ressaltar, num primeiro momento, que a importância da análise de tais questões cinge-se ao fato de que nos últimos anos temos acompanhado a implementação de inúmeras reestruturações societárias, decorrentes principalmente do desfazimento das tradicionais estruturas de capital familiares, com o consequente crescimento do número de incorporações, fusões, cisões e aquisições, considerados como fatores propulsores do desencadeamento de discussões acerca da importância da proteção que deve ser conferida aos acionistas não controladores das sociedades envolvidas em tais operações.

Como vimos, a incorporação de sociedades não se resume a uma mera transferência de bens, tampouco pode ser confundida com operação de aumento de capital, isso porque a operação é ajustada a partir da contraposição de pelo menos três elementos básicos, quais sejam: (a) a transmissão patrimonial, (b) a participação dos acionistas em outra sociedade e (c) a extinção de pelo menos uma sociedade.

Do mesmo modo, foi visto que a incorporação de ações possui características próprias, diferentes da hipótese pura e simples de aumento de capital.

Assim, por definição, a incorporação de sociedade implica na necessária extinção da sociedade incorporada, a cujos acionistas serão atribuídas novas ações emitidas pela sociedade incorporadora, em substituição às ações que titularizavam no capital da sociedade incorporada. Já na incorporação de ações, muito embora as duas sociedades envolvidas mantenham suas respectivas personalidades jurídicas, as ações emitidas pela incorporadora têm como destinatários certos os acionistas da sociedade convertida em subsidiária integral.

Desse modo, esclarecemos que as novas ações emitidas pela sociedade incorporadora, em ambas as situações, possuem destinatários certos e determinados, por força dos preceitos estabelecidos expressamente em lei, os quais seriam frontalmente violados caso houvesse a pretensão de se atribuir direito de preferência para os antigos acionistas da sociedade incorporadora.

Comparando-se com as operações de aumento do capital social mediante subscrição em bens, vimos que o aumento do capital social da sociedade incorporadora não ocorre como um fenômeno isolado e independente, mas sim como parte de uma complexidade de atos que em conjunto resultam na efetivação da incorporação. Além disso, foram analisados os diversos motivos pelos quais se pode optar pela realização de operação de incorporação, cite-se como exemplo, a concentração de empresas, a ampliação do poder de mercado das sociedades, o planejamento tributário com vistas à promoção de maximização das cargas tributárias, a redução de custos administrativos e operacionais, a segregação de divisões ou áreas de uma empresa, dentre outros, cujas funcionalidades prendem-se tão somente aos objetivos atrelados a operações de incorporação e não a aumentos de capital puros e isolados.

Por outro lado, foram destacadas as características peculiares de operações puras de aumento de capital que justificassem a atribuição pelo legislador do direito de preferência na subscrição das ações em tais operações. O assunto foi analisado com vistas ao fato de que dentre as modalidades de aumento de capital, a Lei das Sociedades Anônimas prevê a possibilidade de integralização mediante a conferência de bens – fator este que faz surgir a comparação com o instituto da incorporação de

V. CONCLUSÕES

sociedades – conferindo aos acionistas da sociedade, expressamente, o direito de preferência para a subscrição do aumento.

Assim, colacionamos os pontos de vista de diversos doutrinadores, segundo os quais os principais motivos que motivaram o legislador a conferir o direito de preferência aos acionistas de sociedade que tiver o seu capital aumentado podem ser sintetizados nas seguintes premissas: (i) preservação do status ou da posição jurídica do acionista na companhia, (ii) proteção dos direitos políticos e patrimoniais dos acionistas – participação no governo social e fiscalização da atividade administrativa, (iii) assegurar a manutenção do percentual do capital que os acionistas inicialmente subscreveram na companhia, evitando a diluição da participação acionária, (iv) proteção aos acionistas que se arriscaram inicialmente, contra um locupletamento de valores das reservas sociais por parte dos novos subscritores, que não contribuíram para o seu aferimento e (v) impedimento da livre colocação das ações pelos administradores que possa acarretar prejuízos aos minoritários e a redução das respectivas participações na administração da sociedade. Logo, chegamos à conclusão de que a atribuição de tal prerrogativa aos antigos acionistas da sociedade está atrelada a objetivos e funções particulares das operações puras de aumento de capital, as quais não podem ser estendidas às operações de incorporação, as quais, como se demonstrou, também possui elementos que lhes são próprios e por isso, a elas foi conferido tratamento diferenciado pelo legislador, de modo a se manter a coerência requerida pela natureza de cada um dos institutos.

Assim, dada a vulnerabilidade dos acionistas de sociedade incorporadora às intempéries que tal operação possa lhes causar, tecemos algumas hipóteses de solução para a proteção destes acionistas, conforme estabelecidas na Lei das Sociedades Anônimas, dentre as quais, podemos destacar: (i) as deliberações em assembleia geral, (ii) as regras de avaliação patrimonial, (iii) a fixação de relações de troca, (iv) a responsabilização de administradores, (v) o direito de recesso e outros.

Com relação ao item (i), vimos que, no Brasil, a realização de operações de incorporação fica condicionada à aprovação por *quorum* qualificado correspondente a metade, no mínimo, das ações com direito de voto. Desse modo, subsequentemente à recomendação pela administração da sociedade, aos acionistas é dado o direito de se manifestarem sobre a operação mediante aprovação da matéria em assembleia geral.

No que diz respeito ao item (ii), vimos que a lei não exige a avaliação do patrimônio líquido da incorporadora para a determinação do valor de suas ações a ser atribuído aos acionistas da incorporada. A avaliação de ambos os patrimônios, a preços de mercado ou conforme critérios estabelecidos pela Comissão de Valores Mobiliários apenas é obrigatória apenas nas operações de incorporação de companhias controladas, nos termos do disposto no *caput* do artigo 264 da Lei das Sociedades Anônimas.

Nesses termos, verifica-se que o procedimento diferenciado, conferido apenas na hipótese prevista no referido artigo 264, pode causar evidente prejuízo aos acionistas minoritários, em razão de diversos critérios para a avaliação de patrimônios. Neste sentido, vislumbramos a possibilidade de que no protocolo se estipule, em qualquer caso, a avaliação dos dois patrimônios, mesmo que não se trate de incorporação de companhia controlada.

No que tange ao item (iii) verificou-se que o estabelecimento de regras relacionadas à atribuição de contraprestação aos acionistas que terão suas ações extintas em virtude das operações de incorporação, fusão e cisão, fator preponderante para a proteção dos acionistas e terceiros, já que dele podem resultar vantagens para os acionistas de apenas uma das sociedades envolvidas na operação.

Desse modo, ressaltou-se a importância de se definirem critérios, em princípio, mais justos sobre a contraprestação das operações desta natureza, tornando-se imprescindível o trabalho de peritos, aos quais ficam acometidas principalmente as funções de analisar, de modo independente, a viabilidade da operação e justificar os critérios de contraprestação adotados para cada situação.

Com relação à responsabilidade dos administradores, item (iv), constatamos que a extensão da responsabilidade dos administradores dependerá de diversos fatores que devem ser levados em consideração na análise do caso concreto, cite-se como exemplo: (i) o âmbito de competência de cada administrador estabelecido no estatuto e/ou na lei; (ii) a forma como o ato faltoso foi consumado (forma colegiada ou individual); (iii) existência, ou não, de participação no capital social; (iv) existência, ou não, de mero vínculo empregatício; (v) existência, ou não, de procedimento de liquidação extrajudicial; (v) a esfera na qual o ato faltoso foi consumado (administrativa, penal, fiscal ou civil); (vi) o tipo societário, entre outros fatores.

V. CONCLUSÕES

Ressaltamos, ainda, que nos termos do parágrafo 4º do artigo 159 da Lei das Sociedades Anônimas se o resultado da assembleia estabelecer a não propositura da demanda de responsabilidade civil, apenas o acionista detentor de, ao menos, 5% (cinco por cento) do capital social da Companhia poderá propô-la isoladamente.

Por outro lado, cabe destacar, por fim, que o parágrafo 7º do aludido artigo da das Sociedades Anônimas também estabelece que o acionista prejudicado diretamente por ato de gestão do administrador, poderá propor a ação de responsabilidade civil isoladamente para reaver os prejuízos sofridos (a denominada legitimação ordinária).

Também discorremos com mais detalhes sobre o direito de recesso e a este respeito discutimos sobre o entendimento de alguns doutrinadores acerca da necessidade de comprovação de prejuízo efetivo, como condição prévia ao exercício do recesso, tendo-se chegado à conclusão de que tal direito prescinde da comprovação de danos, notadamente quanto às hipóteses arroladas expressamente no artigo 137 da Lei das Sociedades Anônimas. Neste ponto, foram abordadas as posições de Bulgarelli e Alfredo de Assis Golçalves Neto no sentido em que os acionistas da sociedade incorporadora podem sofrer prejuízos e nestas hipóteses estariam legitimados, nada obstante a falta de previsão legal, ao exercício do direito de retirada. Vimos, no entanto, que se tratam de posições minoritárias e não encontramos na prática qualquer caso em que se tenha concedido direito de retirada aos acionistas de sociedade incorporadora em razão da discordância com a aprovação da operação.

Levantamos ainda a discussão referente ao entendimento do recesso como uma sanção contra o ato praticado pela maioria. Nesse sentido, verificamos que o direito de recesso foi instituído como um contradireito potestativo do acionista, em relação a um poder reconhecido por lei, concernente à assembleia geral, e não como um modo de indenização para reparar danos jurídicos dela resultantes.

***

VI. Referências Bibliográficas

ARAGÃO, Paulo César; LIMA, Monique M. Mavgnier de. **Incorporação de Controlada: A Disciplina no art. 264 da Lei 6.404/76**. *In* **Direito Empresarial – Aspectos Atuais de Direito Empresarial Brasileiro e Comparado**. São Paulo: Método, 2005.

ASCARELLI, Túlio. **Ensaios e Pareceres**. São Paulo: Red Livros, 2000.

_____. **Studdi in Tema di Società**. Milano: Giuffrè, 1952.

_____. **La Riduzione del Capitale a Zero** *in* **Rivista delle Società**. Itália: Giuffrè, 1959.

BATALHA, Wilson de Souza Campos. **Comentários à Lei das Sociedades Anônimas**. Rio de Janeiro: Forense, v. II, 1977.

BEZERRA, Andréia Cristina et. Al, Conflito de Interesses. Impedimento de Direito de Voto e Conflito Material. Interpretação do art. 115, §1º da Lei das Sociedades por Ações. **Mercado de Capitais Brasileiro. Doutrina, Cases & Material**. São Paulo: Quartier Latin, 2012, p. 105-158.

BRUNETTI, Antonio. **Tratado Del Derecho de lãs Sociedades**. Argentina: Buenos Aires, v. II, 1973.

BULGARELLI, Waldirio. **Fusões, Incorporações e Cisões de Sociedades**. São Paulo: Atlas, 2000.

_____. **A Incorporação das Sociedades Anônima**. São Paulo: Universitária de Direito, 1975.

CAMPOS, Roberto de Oliveira; SIMONSEN, Mário Henrique. **A nova economia brasileira**. Rio de Janeiro: José Olympio, 1971.

CARVALHOSA, Modesto. **Comentários à Lei de Sociedades Anônimas**. São Paulo: Saraiva, v. II, 1997.

_____. **Comentários à Lei de Sociedades Anônimas**. São Paulo: Saraiva, v. III, 1997.

_____. **Comentários à Lei de Sociedades Anônimas**. São Paulo: Saraiva, v. IV, tomo I, 2009.

_____. **Comentários à Lei de Sociedades Anônimas**. São Paulo: Saraiva, v. IV, tomo II, 2003.

_____. **Responsabilidade Civil dos Administradores das Companhias Abertas**. *In* **Revista de Direito Mercantil**, Industrial, Econômico e Financeiro. São Paulo: Malheiros, v. 49, 1983.

CASQUET, Andréia Cristina Bezerra, **Alienação de Controle: limitação do poder do controlador como mecanismo de proteção dos acionistas minoritários de companhias fechadas. 2014**. Tese (Doutorado em Direito Comercial) – Faculdade de Direito da Universidade de São Paulo, São Paulo, 2014.

COMPARATO, Fábio Konder. **Novos Ensaios e Pareceres de Direito Empresarial**. Rio de Janeiro: Forense, 1981.

_____. **O novo direito de retirada do acionista nos casos de fusão e incorporação**. *In* **Revista de Direito Mercantil, Industrial, Econômico e Financeiro**. São Paulo: Malheiros, v. 116, 1999.

_____. **Direito Empresarial**. São Paulo: Saraiva, 1990.

CORSI, Francesco; PERRARA JR., Francesco. **Gli Imprenditori e le Societá**. Milão: Giuffré, 1992.

COSTA E SILVA, Francisco da e MARTINS NETO, Carlos. **A utilização do instituto da incorporação de ações como forma de burlar a exigência legal de OPA para fechamento de capital**. In: Revista Semestral de Direito Empresarial – RSDE nº 1, jul/dez 2007.

COSTA, José Rubens. **Direitos Essenciais dos Acionistas**. *In* Revista Forense. Rio de Janeiro: Forense, n.2, 1980.

EIZIRIK, Nelson. **Reforma das S/A & do Mercado de Capitais**. Rio de Janeiro: Renovar, 1998.

_____. **Notas sobre o Direito de Recesso na Incorporação, Fusão e Cisão das Companhias**. *In* Revista de Direito Mercantil, Industrial, Econômico e Financeiro. São Paulo: Malheiros, v. 113, 1999.

_____. **A Lei das S/A Comentada**. São Paulo: Quartier Latin, 2011. Vol. III.

FENELON, João Pessoa Ribeiro. **O Aumento do Capital Nominal da Empresa**. Belo Horizonte: n/c, 1959.

FERRI, Giuseppe. **La Fusione delle Società Commerciali**. Roma: Roma, 1936.

FRÈ, G. **Commentario Del Codice Civile. Società per Azioni**. Roma: Zanichelli, 1982.

GONÇALVES NETO, Alfredo de Assis. **Lições de Direito Societário**. São Paulo: Juarez de Oliveira, v. II, 2005.

VI. REFERÊNCIAS BIBLIOGRÁFICAS

GUARRIGUES, Joaquim; URIA, Rodrigo. **Comentario a la Ley de Sociedades Anônimas**. Madri: Imprenta Aguirre, 1976.

GUERREIRO, José Alexandre Tavares. **Das Sociedades Anônimas no Direito Brasileiro**. Bushatsky, v. II, 1979.

_____. **Sociedade Anônima: Poder e Dominação**. *In* **Revista de Direito Mercantil, Industrial, Econômico e Financeiro**. São Paulo: Malheiros, v. 53, 1984.

HANSMANN, Henry; Kraakman, Reinier. **Agency Problems and Legal Strategies**. *In* **Anatomy of Corporate Law**. Nova Iorque: Oxford, 2004.

DAMODARAN, Aswath. **Finanças Corporativas**. Porto Alegre: Bookman, 2004.

KALANSKY, Daniel. **Incorporação de ações: estudo de casos e precedentes**. São Paulo: Saraiva, 2012.

KANDA, Hideki; KRAAKMAN, Reinier; ROCK, Edward. **Significant Corporate Actions**. *In* **Anatomy of Corporate Law**. Nova Iorque: Oxford, 2004.

LAMY FILHO, Alfredo e PEDREIRA, José Luiz Bulhões. **Direito das Companhias**. Rio de Janeiro: Forense, v. II, 2009.

_____. **A Lei das S.A.**. Rio de Janeiro: Renovar, v. II, parte III – pareceres, 1996.

LAZZARESCHI NETO, Alfredo Sérgio. **Lei das Sociedades por Ações Anotada**. São Paulo: Saraiva, 2008.

LEÃES, Luiz Gastão Paes de Barros. **Incorporação de Companhia Controlada**. *In* **Revista de Direito Mercantil, Industrial, Econômico e Financeiro**. São Paulo: Malheiros, v. 94, 1988.

_____. **Comentários à Lei das Sociedades Anônimas**. São Paulo: Saraiva, 1980.

_____. **Pareceres**. São Paulo: Singular, Vol. II, 2004.

LEITE FILHO, Fernando Rudge. **A Responsabilidade dos Administradores das Sociedades Anônimas no Direito brasileiro e no Comprado**. *In* **Revista de Direito Mercantil, Industrial, Econômico e Financeiro**. São Paulo: Malheiros, v. 11, 1973.

LUCCA, Newton de. **O Direito de Recesso no Direito brasileiro e na Legislação Comparada**. *In* **Revista de Direito Mercantil, Industrial, Econômico e Financeiro**. São Paulo: Malheiros, v. 114, 1999.

MAROTTA, Nicola. **Rivista Delle Società**. Milão: Giuffrè, 1991.

MARTINS, Ives Gandra da Silva; VIDIGAL, Geraldo Camargo. **Comentários à Lei das Sociedades por Ações**. Rio de Janeiro: Forense Universitária, 1999.

MESSINEO, Francesco. **Manual de Derecho Civil y Comercial**. Argentina: Buenos Aires, v. VI, 1973.

MEYSSAN, Michel. **Lês Droits dês Actionnaires et dês Autres Porteurs de Titres dans lês Sociétés Anonymes**. Paris: Cujas, 1962.

MOSSA, Lorenço. **Diritto Commerciale**. Itália: Milão, v. VII, 1937.

NOBILI, Raffaele. **Contributo allo Studio del Diritto d'Opzione**, Milano: Giuffrè, 1976.

PAILLUSSEAU, Jean. **La Société Anonyme, Technique Dórganisation de Lénterprise**. Paris: Paris, 1962.

PARAÍSO, Anna Luisa. **O Direito de Retirada na Sociedade Anônima**. Rio de Janeiro: Lúmen Juris, 2000.

PARENTE, Norma. **O Direito de Recesso na Incorporação, Fusão ou Cisão de Sociedades**. *In* Revista de Direito Mercantil, Industrial, Econômico e Financeiro. São Paulo: Malheiros, v. 97, 1995.

PEDREIRA, Luis Eduardo Bulhões. **Direito de Retirada** *in* LAMY FILHO, Alfredo e

PEIXOTO, Carlos Fulgêncio da Cunha. **Sociedades por Ações**. São Paulo: Saraiva, v. 3, 1973.

PENTEADO, Mauro Rodrigues. **Aumentos de Capital das Sociedades Anônimas**. São Paulo: Saraiva, 1988.

PONT, Manuel Broseta. **Manual de Derecho Mercantil**. Madrid: Madrid, v. II, 1971.

PONTES DE MIRANDA, Francisco Cavalcanti. **Tratado de Direito Privado**. Campinas: Bookseller, tomo I, 2008.

RODRIGUEZ, Zavala. **Fusion y Escisión de Sociedades**. Buenos Aires: Depalma, 1976.

REQUIÃO, Rubens. **Curso de Direito Comercial**. São Paulo: Saraiva, v. II, 1973.

RIPERT, George. **Traité Élementaire de Droit Commercial**. Paris: LGDJ, 1972.

_____. **Aspectos Jurídicos do Capitalismo Moderno**. Rio de Janeiro: Freitas Bastos, 1947.

RODRIGUEZ, Joaqui Rodrigues. **Tratado de Sociedades Mercantiles**. México: México, tomo II, 1971.

SANTAGATA, Carlo. **La Fusione tra Società**. Napoli: Morano, 1969.

SEMO, Giorgio de. **La Fusione delle Società Commerciali**. Roma: Roma, 1921.

SIQUEIRA, Francisco José de. **Da Responsabilidade dos Administradores de Instituições Financeiras**. *In* Revista de Direito Mercantil, Industrial, Econômico e Financeiro. São Paulo: Malheiros, v. 68, 1987.

TERRÉ, François; HEMARD, Jean; MABILAT, Pierre. **Sociétes Commerciales**. Paris: Dalloz, tomo III, 1978.

TOLEDO, Paulo Fernando Campos Salles de. **O Conselho de Administração na Sociedade Anônima**.

VI. REFERÊNCIAS BIBLIOGRÁFICAS

Estrutura, Funções e Poderes. Responsabilidade dos Administradores de Acordo com a Nova Lei das S.A. São Paulo: Atlas, 1997.

VALVERDE, Trajano Miranda. **Sociedade por Ações**. Rio de Janeiro: Forense, v. II, 1953.

VAMPRÉ, Spencer. **Tratado Elementar de Direito Comercial**. Rio de Janeiro: F. Briguiet e Cia. v. II, 1921.

VASSEUR, Michel. **Le Droit de La Réform dês Structures Industrielles et lês Économies Régionales – Les Enterprises et Las Régions Françaises Devant Le Marché Commum**. Paris: Paris, 1959.

VENTURA, Raul. **Comentário ao Código das Sociedades Comerciais**, Coimbra: Livraria Almedina, 1990.

VITERBO, Camilo. **Il Diritto di Recesso verso La sua Fine**. *In* **Rivista Del Diritto Commerciale**, Milano: Ulrico Hoepli Editore-Libraio della Real Casa, v. XXXI, parte 1, 1933.

VIVANTE, Cesare. **Trattato di Diritto Commerciale**. Milano: Casa Editrice Dollor Francesco Vallardi, 1902.

ÍNDICE

PREFÁCIO   5

I. INTRODUÇÃO   7

II. O DIREITO DE PREFERÊNCIA DA LEI DAS SOCIEDADES
ANÔNIMAS   11

  2.1 Direito de preferência em aumento de capital   11

  2.2 Incorporação de sociedade   17

     2.2.1 Direito de preferência em operações de incorporação   19

  2.3 Incorporação de Ações   23

  2.4 Relações entre Incorporação de Sociedades e Incorporação
de Ações   26

  2.5 Incorporação de controlada   29

  2.6 Operação de incorporação implica em necessário aumento
de capital?   30

III. O DIREITO DE RECESSO NO ÂMBITO DAS OPERAÇÕES
DE INCORPORAÇÃO   37

  3.1 O direito de recesso à luz das sociedades incorporadoras x
sociedades incorporadas   53

  3.2 Direito de recesso em incorporação de controlada   62

IV. CONSIDERAÇÕES SOBRE A PROTEÇÃO DE INTERESSES
EM OPERAÇÕES DE INCORPORAÇÃO   65

4.1 Aprovação de operação de incorporação de sociedades
em assembleia geral de acionistas — 68

4.2 Direito dos minoritários — 70

4.3 Regras de avaliação patrimonial — 74

4.4 Fixação da relação de troca — 75

4.5 Publicidade — 77

4.6 Parecer de Orientação CVM nº 34 — 78

4.7 Parecer de Orientação CVM nº 35 — 81

4.8 Responsabilidade — 85

V. CONCLUSÃO — 91

VI. REFERÊNCIAS BIBLIOGRÁFICAS — 97